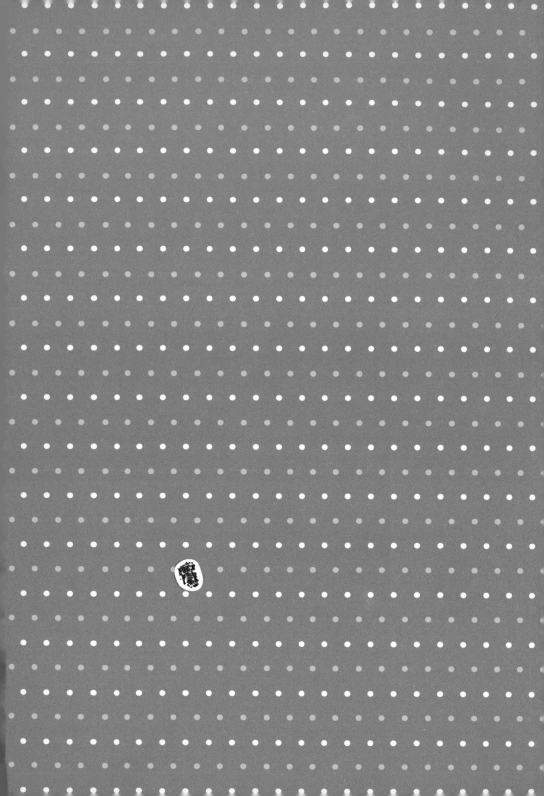

透視心理學大全3

為什麼男人都有制服癖？

48個愛情透視技巧，找到對的那個人！
26道心理測驗，了解最真實的自己！

齊藤勇 監修
吳偉華 譯

前言

「人不能只看外表。」我們經常會這麼說。

不過，反過來看，我們可以透過一個人的外表，來推測這個人的性格與可能會有的行動，像是「這個人看起來很老實」、「這個人看起來很愛玩」，這點應該是不容否認的。

之所以這麼說，是因為人會在無意識中，藉由一些言行舉止表現出隱藏在內心深處的心理狀態。

例如，有些人說話的時候，會不自覺的想與對方有肢體上的接觸，代表他心裡想進一步親近對方。

另外，我們的眼睛和手也很容易透露出我們的心理狀態。例如在談話的過程中，有些人會不自覺的摸鼻子，或是在說話的時候看向斜上方，也有些人一年四季都戴著墨鏡……不管是有意或無意，這些行為透露出了他們的不安、愛、溫柔或嫉妒等情感。

在「透視心理學大全」這系列書中，會向大家清楚解說，要如何從一個人的行動中，讀取到一百四十四個隱含的訊息。學會透視人心，應該可以幫助大家在工作上、戀愛上，以及生活中建立良好的人際關係。

最後，也希望大家藉由這套透視心理學，邁向更幸福的人生！

齊藤勇

目錄

CONTENTS

CONTENTS

目錄

CONTENTS

Chapter 5
從「行為」透視人心

目錄

Chapter 1

從「外表」透視人心

見た目で読み取る人間心理

婚姻生活是否美滿，看夫妻的外表就知道

透視力關鍵字　配對假說

外表也是左右婚姻生活是否美滿的因素之一。曾經有心理學家做過研究，調查婚姻生活美滿與否，與夫妻的外表魅力之間的關係。結果發現，婚姻美滿的夫妻，大多是外表很有魅力的人。特別是妻子越漂亮、越有魅力，夫妻關係往往更美滿。因為丈夫一般都很重視妻子的外貌，妻子的魅力，會讓丈夫感到滿足。

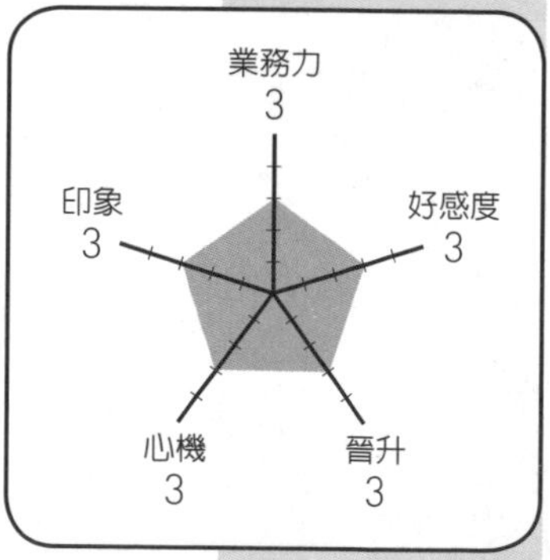

心理 POINT

如果妻子又美、又有魅力，婚姻生活也會比較美滿！

像這樣，不管男性或女性，重視伴侶的外表是很理所當然的。我們在尋找伴侶的時候，如果眼光太高，會擔心要是被對方拒絕，會傷了自尊心，所以我們通常會選擇與自己外表魅力相當的對象，這就是所謂的「配對假說」。

外表魅力相差不遠的戀人，通常握手或勾手等身體上的接觸會比較頻繁；而外表落差較大的戀人，身體上的接觸就比較少。

配對法則

外表相近的戀人關係比較好，婚姻生活也比較美滿。

從鞋跟的高度，可以看出一個人的虛榮心

透視力關鍵字　野心抱負

很多女性喜歡穿高跟鞋或厚底鞋，讓自己站得高一點，似乎因為這幾公分，可以打開更寬廣的視野，看到不同於以往的世界，感覺很好。

但其實這並不是唯一的理由。穿上高跟鞋或厚底鞋，讓自己比原來高幾公分，「跟周圍的人比起來，自己高人一等」，這種優越感，也是大家對高跟鞋或厚底鞋愛不釋手的原因。

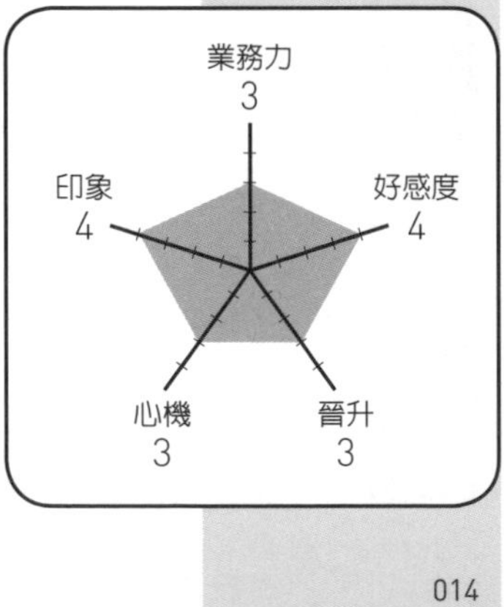

心理 POINT

穿高跟鞋的女性，個性不服輸！

喜歡穿高跟鞋或厚底鞋的女性，大多具有野心和不服輸的性格，常會因為被人小看而傷了自尊心，心情也大受影響。也就是說，她們不喜歡被身材高大的男性看不起，強烈希望能夠取得和男性同等的地位。穿上高跟鞋或厚底鞋，會讓她們覺得自己和男性是對等的。

只不過，穿高跟鞋或厚底鞋，腳部要承受很大的負擔，還有可能拇指外翻，但比起這些，她們還是覺得自己的自尊心與虛榮心更重要。

從鞋跟的高度看心理

鞋跟的高度等於自尊心的高度。
喜歡穿高跟鞋的女性，一般都具有不服輸的性格。

頻頻眨眼睛，表示他很認真在聽你說話

透視力關鍵字
緊張程度

在正常的情況下，人一分鐘大約眨眼十五到二十次。我們也知道，人在緊張的時候，眨眼的次數會增加。關於眨眼的次數，有這麼一個有趣的小故事。有位心理學家仔細數了總統候選人在辯論會上眨眼的次數，他預測眨眼次數少的人會當選，果然很精準的猜中了。

眨眼次數少的人，給人沉穩、可靠的印象；而眨眼次數多的人，感覺比較神經質，

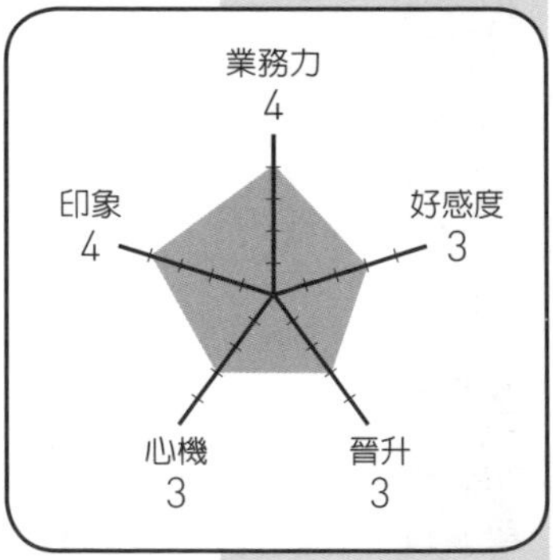

給人靠不住、氣度小的印象。

不過，眨眼次數多的人，並不代表他性格不好。相反的，我們可以說，眨眼次數多，是因為他很認真在聽對方說話。

當我們的大腦在思考、處理資訊的時候，會抑制眨眼的動作。當資訊處理完畢，就會開始眨眼。也就是說，一個人如果很認真的聽對方說話，當他準備要回答時，很自然的，眨眼的次數會比聽的時候還要頻繁。

不過，眨眼的次數增加，有時候也是消極的徵兆。例如，兩人談話的時候，對方閉起眼睛的時間變長，或是突然不斷的眨眼，表示他不願意與對方四目相對。他可能對於正在討論的話題抱持否定或反對的意見，為了隱藏自己的想法，才會避開對方的視線。

心理POINT

一個人緊張的時候，眨眼的次數會增加！

一個人瞳孔放大，代表他很關心

透視力關鍵字　瞳孔放大

我們常說「眼睛比嘴巴會說話」。瞳孔無法說謊是事實，因為當我們遇到自己關心的事情時，瞳孔就會不自覺的放大。

曾經有人做過實驗，讓參與實驗的男女看幾張不同的照片，並觀察他們瞳孔放大的程度。結果發現，男性實驗者看到女性的裸體照時，瞳孔會放到最大；女性實驗者則是看到嬰兒與母親的照片時，瞳孔會放到最大。

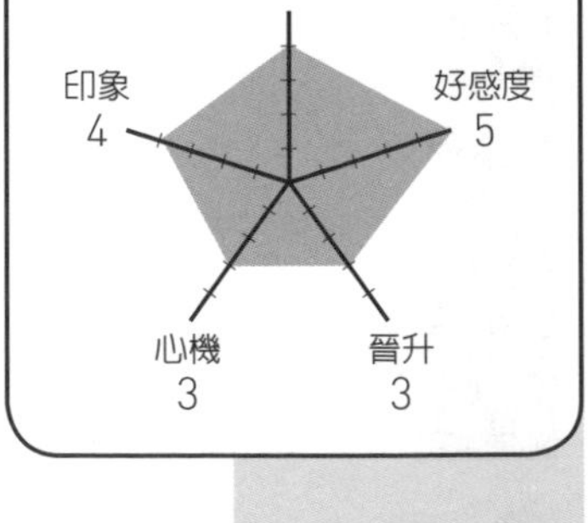

心理 POINT

如果對方的瞳孔放大，就表示有希望！

為了調節外界光線進入眼睛的量，我們的瞳孔會時而放大，時而縮小。在明亮的地方瞳孔會縮小，在陰暗的地方瞳孔會放大，這時的瞳孔縮放只是單純的生理反應。然而，人在遇到自己感興趣的事情時，瞳孔也會放大，這時候表現出來的就是心理反應。

因此，如果想知道對方對自己是抱持什麼樣的想法，就可以好好觀察對方的瞳孔。如果對方的瞳孔放大，就可以判斷對方對自己有意思。

另外有數據指出，對男性而言，瞳孔大的女性比瞳孔小的女性更有魅力。有人做過實驗，準備兩張同一個女性的照片，其中一張照片經過修圖，放大瞳孔，再讓男性選擇喜歡哪一張照片。大多數的男性都選擇瞳孔放大的照片。

也就是說，當女性用她又圓又水潤的雙眼盯著男性看時，不管是誰，都會覺得她很有魅力。

不敢看著對方的眼睛說話，代表他心裡有鬼

透視力關鍵字　視線效果

小時候父母都會教導我們，要看著對方的眼睛說話，讓對方感受到我們的誠意。但實際在一對一的對話情境中，兩人四目相對的時間，大約只占總對話時間的三〇～六〇％。也就是說，我們不會全程都看著對方的眼睛。

數據顯示，在與自己喜歡的異性交談時，男性直視對方的眼睛，大多是在聽對方說話的時候；女性則剛好相反，自己在說話

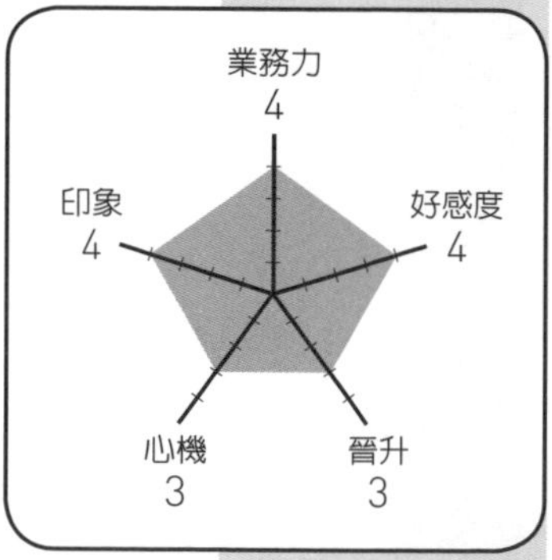

的時候比較能夠大方直視對方。

另外要注意的是，如果只是感受到對方的視線，我們仍無法判斷那樣的視線是不是善意的。不過，兩人四目相對後，如果對方會感到害羞而把眼神移開，但臉上仍帶著笑意，就可以判斷對方對自己有好感。相反的，要是四目相交後，對方立刻把眼神撇開，那你可能是被對方討厭了。

另外，我們也可以從對方的眼神來判斷他是不是在說謊。男性說謊的時候，為了不讓對方發現自己說謊，會盡量避開對方的視線。相反的，女性則會直視對方，讓對方相信自己說的是真的。

也就是說，要拆穿女性說謊是比較困難的。不過，女性說話時，如果很刻意的盯著對方的眼睛，就有可能是想隱瞞一些事情。

心理 POINT

觀察對方的眼神，掌握他的心理狀態！

頭髮遮著耳朵的女性，透露出她想獨處

透視力關鍵字　內在聲音

最近在街上看到沒有染髮，一頭烏黑亮麗長髮的年輕女性越來越多了。所謂「頭髮是女人的生命」，這句話不無道理，比起男性，女性更懂得利用髮型來展現自己的個性與魅力。

在我來看，之前流行褐髮、金髮、大捲髮的風潮，似乎正在改變。不過，不管是褐髮還是黑髮，利用長髮把自己的耳朵遮起來的女性，有一個共通的心理特性。

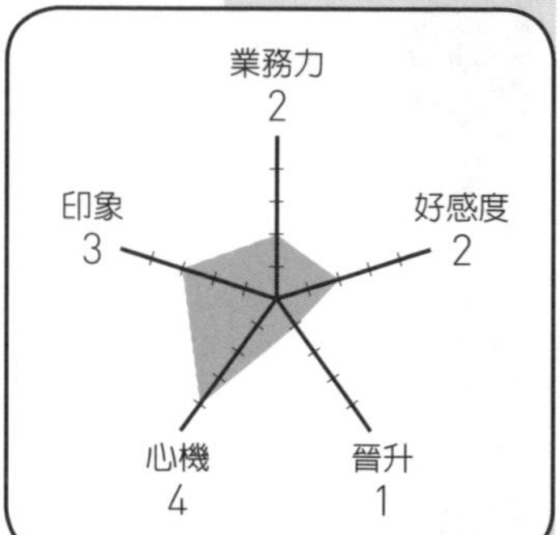

也許有些人會覺得：「頭髮遮著耳朵和臉頰不會不舒服嗎？露出耳朵比較清爽吧！」

不過，女性會用長髮遮住耳朵，除了藉此展現女人味之外，可能還有另一個目的，她們想在自己與他人之間「畫出界線」。耳朵是用來聽取聲音的器官，不管我們喜不喜歡，我們會從耳朵接收各式各樣的資訊。特別是在現今這個資訊多到滿溢的社會，用頭髮把自己的耳朵遮起來，代表一個人想阻絕聲音，抗拒過多的資訊。

看到頭髮遮著耳朵的女性，代表她現在「不想再聽別人說話」、「想自己靜一靜」、「想要獨處」的意思。

我們可以說，髮型也代表一個人內心的聲音。因為髮型可以創造出不一樣的印象，女性也會特別注意自己的髮型，所以說，髮型呈現的是很敏感的內心世界。

心理 POINT

長髮的女性通常比較內向！

長年跟爛男人交往的女性，是共依存症

透視力關鍵字

共依存症

交往多年，但彼此之間已經沒有感情，這樣的情侶其實不少。他們會趁對方不在的時候，在吃飯或喝酒的場合大肆抱怨：

「我男友真的很糟糕！」

「我還是跟女友分手算了！」

知道他們情況的朋友心裡應該會想：

「又來了！這樣的話就分手啊……」

旁人無論是看到的或聽到的，都覺得他

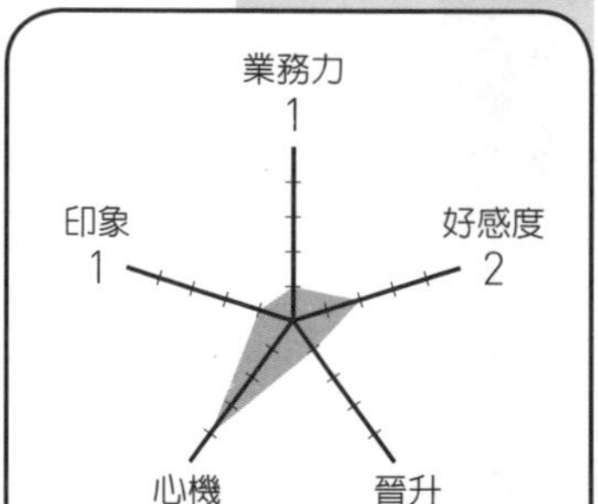

們的另一半是很糟糕的的人，但他們卻始終不願意分手。特別是女性，有些女性會為了一個爛男人不惜犧牲奉獻。像這樣的例子，就是陷入了「共依存症」，覺得對方沒有自己不行。

無能的男人依賴女人，另一方面，女人也會覺得「他沒有我不行」，而再次確認了自己的價值。也就是說，不只男人依賴女人，女人也依賴著這個男人，爛男人成了她生存的價值之一。所謂的「共依存症」，指的就是雙方藉由彼此來確認自己的價值，互相依賴的狀態。

如果一直陷在這種共依存狀態，可能幾年的時間過去了，情況仍沒有任何改變。要切斷共依存狀態，最重要的就是決心。下定決心離開對方，與真正可以互相扶持、共同成長的人一起生活，或是發展自己的興趣，把時間花在真正值得的事情上。

即使交往多年，也不代表彼此相愛，也檢視一下自己是不是共依存症吧。

心理POINT

你愛的其實不是對方，而是自己！

在人前摟摟抱抱的情侶，其實沒那麼親密

透視力關鍵字　展示

最近在路上、公園，甚至在捷運裡，我們常常可以看到不在乎別人的目光，大方擁抱、親吻的情侶，而不禁感嘆：「這裡是公眾場所……」

話說回來，那些在公眾場所過分親密的情侶，感情是不是真的那麼好呢？其實並不盡然。真正的親密關係，並不需要這些小動作來證明。

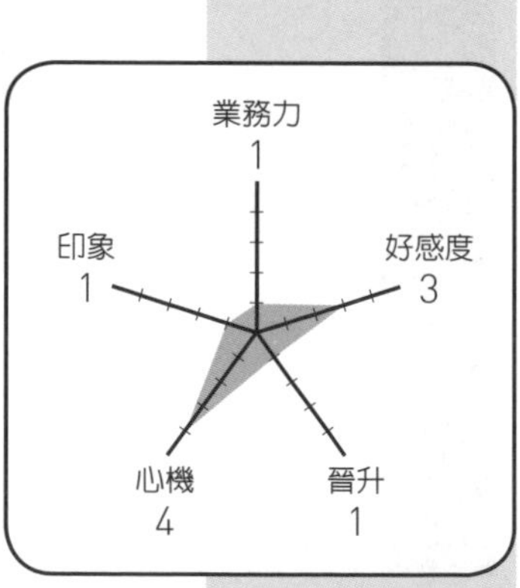

觀察那些看起來很幸福的熟年夫妻，就會明白，只要伴侶在身邊就能感受到安心與信賴，這種適度的距離感，才是真正的親密關係。

也就是說，在公眾場所過分親密的情侶，可能才剛交往不久，為了確認彼此的愛，讓周圍的人看到「我們有多恩愛」而做的展演。簡單來說，他們的戀情才剛開始而已。

心理POINT

過分親密的舉動，代表對彼此的愛沒有信心！

男人對女人的眼淚沒輒，是因為父性本能

透視力關鍵字　母性與父性

如果你是男人，假設今天有位女性在你面前哭泣，你會怎麼辦？

俗話說，「眼淚是女人的武器」，以男性的立場來講，看到女性哭泣，任誰都會動搖。

不管你的意見再怎麼合情合理，如果演變成吵架，女人開始流淚，男人應該就沒輒了。一見到女性的眼淚，男性就無法繼續思

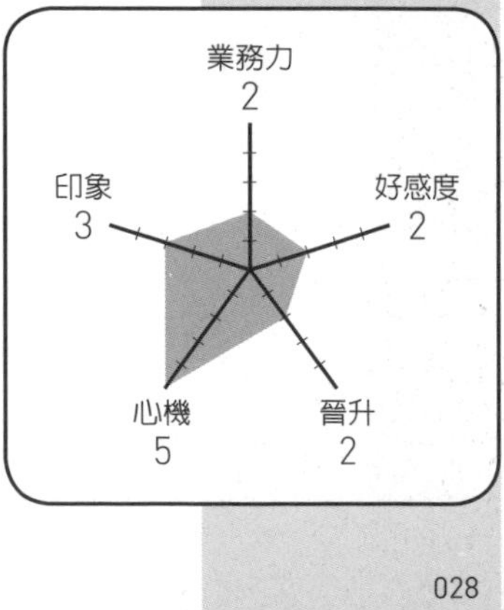

考，很自然的便原諒對方。因為對男性而言，女性的眼淚是純粹的情感表現，很容易引起男性的同情。

就像女性有「母性本能」一樣，男性也有「父性本能」，也就是男子氣概、俠義心腸。面對具有「鋤強扶弱」特質的父性本能，眼淚攻勢是最直接的。要啟動男性的父性本能，不需要言語，利用表情或動作，也就是「非言語表現」，最有效果。因為言語可以說謊，但是非言語表現就能夠直接動搖男性的心。

也真的有女性把眼淚當成武器使用。不少女性會視情況，故意用眼淚攻勢來達成目的。她們在同性面前，就不會像在男性面前那樣哭泣，因為她們知道在同性面前流淚並不會得到同情。

女人的眼淚，對男人來說確實是一大罩門。也提醒男性朋友，會故意在男性面前哭泣的女性也不少！

心理POINT

女性的眼淚有時候是有陰謀的！

被甩的時候，才會知道自己真正的性格

透視力關鍵字

戀愛依存症

與心愛的人分手是一件令人難過的事情。當心愛的人說出「我們分手吧」那天，對很多人來說，就像是落入絕望的深淵。不過，被甩的時候，我們才會表現出真正的自己。

來做個心理測驗吧。你很用心照料的寵物，有一天突然開口說：「主人，明天起我要去旅行！」這時後，你會作何反應呢？

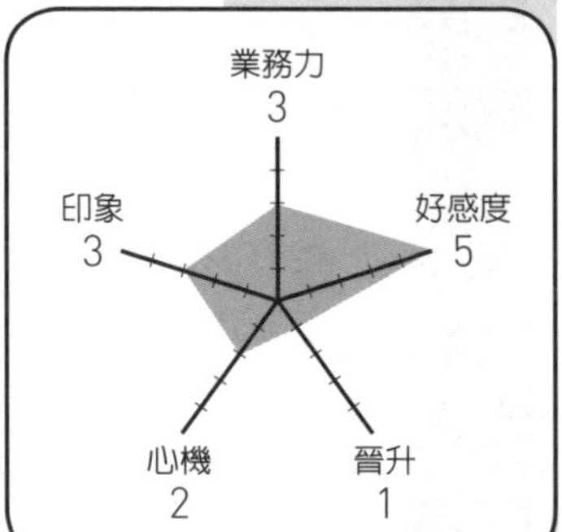

心理POINT

接受失戀的事實吧！

「絕對不讓你離開我！」這麼想的人，戀愛依存度高，就算分手了，還是會不斷的思念著對方，也會提出希望兩人再重新來過，就算被拒絕也不放棄。剛分手時，會看著過去兩人互傳的簡訊，等待對方的消息。

「我們一起去旅行吧！」這麼想的人，心裡認為分手的對方是笨蛋，會積極展開新的戀情。這類型的人性格開朗，對自己充滿自信，不輕易沮喪，即使失戀了也不會鬱鬱寡歡，可以很快的切換心情，再尋找下一段戀情。

「去吧，路上小心！」會送對方出門的人，勇於接受現實，獨自忍受失戀的痛苦。他們很達觀，認為分手是遲早的事，所以能夠坦然接受。但由於個性體貼，可能會一直在背後默默的支持著對方，這點要特別注意。

最後是「不斷悲傷啜泣」的人，個性執著，不管哭了多久都無法忘懷，要經過很長一段時間才可能再面對新的戀情。

那麼，你是屬於哪一種呢？

Test

了解自己的心理測驗①

本当の自分がわかる心理テスト

問題 1

為了驅趕食人鯊魚，你非常勇敢的一個人跳入大海，跟鯊魚搏鬥。最後總算被你打跑的這隻鯊魚，體型有多大呢？

Question

A

約2公尺的
一般體型

B

還頗大的體型

C

像鯉魚般的
超小體型

D

比船還大的
超大體型

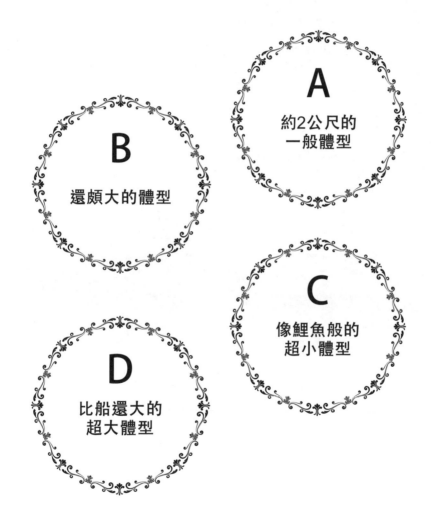

Answer

鯊魚的大小，代表你欲求不滿的程度！
診斷你的「性欲」有多強烈

B 懂得釋放自己的欲望，做不做愛都無所謂

選擇看起來還頗大的鯊魚，其實比想像中還要欲求不滿，但是你並沒有自覺。可能是因為你透過很多性愛以外的方式來釋放欲望，像是打球或看電影等等，只要能做自己喜歡的事情，不做愛也無所謂！

A 你真的滿足嗎？一成不變的性愛，已經無法滿足你

選擇一般體型的鯊魚，你在性愛方面也很一般。你心裡有欲望，但是不特別多，也不特別少，就是很一般，平凡到連自己都感到厭惡。如果你想要盡情享受性愛的樂趣，就要突破自己的心防，放開一點！

D 滿腦子只想做愛，欲求不滿指數破表

選擇比船還大的超大鯊魚，代表你的欲求不滿指數已經破表。如果放縱自己的欲望，哪天被抓到警察局也不無可能。女性如果單獨和這類型男性在一起，可是非常危險的，要多注意！

C 滿足於現狀，沒有欲望的「草食系」

選擇超小的鯊魚，代表你對現狀沒有任何不滿，對性愛完全沒有欲望。也許你本來就是清心寡欲的人，也就是所謂的「草食系」。但是，原本應該是人類本能的性欲，你卻沒有，這樣是不是反而不正常呢？

Question

問題
2

今天你自己在家做蛋糕，辛苦完成的蛋糕，你會怎麼吃掉它呢？

A
一口氣把它吃掉

B
覺得有點可惜，
所以慢慢吃

C
泡好咖啡，
再一起享用

D
做更多的蛋糕，
再一起吃掉

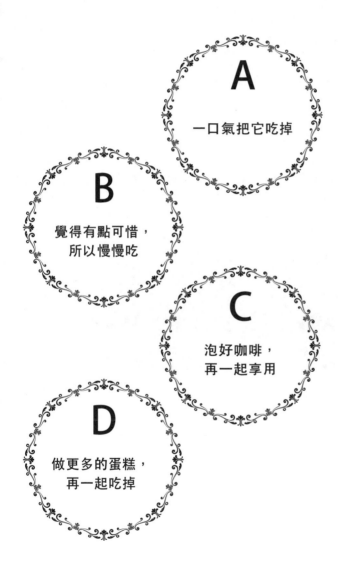

Answer

蛋糕＝性欲；你怎麼吃蛋糕＝你發洩性欲的方式!

診斷你的「輕浮指數」

B

沒有愛的性，不會有感覺；如果有愛，就是場濃烈的性愛

對你來說，和不愛的人做愛，不會有感覺，所以，即使搞外遇，可能也只是吃飯的程度，連牽手都不願意。但如果是自己深愛的人，儘管不是什麼激情的性愛，你也會多花點時間，共創濃情蜜意的性愛！

A

性愛是你的生存價值！不管何時何地，跟誰都可以

選擇A的你是個情場高手，不管何時何地都想與人發生關係，對方是誰都無所謂，輕浮指數超高！只是，如果是不認識的人也就算了，如果對朋友的男人或自己的上司出手，可能會惹上麻煩，要多注意！

D

防衛心太重，讓男人都放棄！你的戀愛觀還停在幼稚園階段

你想和大家成為好朋友，但是不願意發展性愛關係，防衛心很重。兩人約會時，你還會擔心「對方不知道會不會找我去開房間」，戀愛觀還停留在幼稚園階段。防衛心太重的話，小心男人都不敢接近你！

C

不習慣遊戲人間的你，對男人來說剛剛好

選擇C的人，輕浮指數不高。不會馬上吃掉蛋糕，代表你在戀愛關係中，屬於被動的一方，即使交往，也要一段時間才會進展到性愛的階段。但是，因為你不輕浮，從男人的角度來看，反而更想要得到你！

Question

問題
3

你和戀人開車到郊外踏青，本來晴天萬里，但是在回程的途中，前方烏雲一片。你認為接下來天氣會如何轉變呢？

A
開始下起雨來

B
只是烏雲密布，
沒有下雨

C
可能會發生
土石流

D
只是一場陣雨，
很快就放晴了

Answer

遠方的雲，代表隱藏在內心深處的性欲！

診斷你的「性幻想」程度

B

認為做愛是只是義務！
沒幻想、也沒快感的冷感女

下雨，等於「濕了」，是你很討厭的事情。對你來說，性愛只是身為另一半的義務，不是為了服侍對方，也不是為了滿足自己。你只是躺在床上，等男人做完而已，是非常冷感的女人！

A

對象改變，性癖好就跟著改變！
什麼樣的性愛形式能都接受

有烏雲，接下來就會下雨，選擇這個合乎常理的答案的你，性幻想也是一般的程度。但是，這類型的人會依照交往的對象改變自己的想法與做法，跟變態交往的話，就認為變態也是正常的，其實是滿危險的類型！

D

總有一天性幻想會爆發！
一旦爆發就再也回不去了

選擇這個答案的你，不但有性欲，也有性幻想，只是，這個開關什麼時候會開啟，現在還不知道。你的經驗還不足，一旦你的性幻想爆發了，即使是男人也比不上。跟這種女性交往，其實是有點危險的！

C

胡思亂想到興奮！
利用性幻想來獲得滿足

你的性幻想程度已經到了無與倫比的境界，你透過性幻想來讓自己獲得滿足。在日常生活中，你也總是在胡思亂想，還可能因此搞砸當下的氣氛。做愛的時候也是，還沒開始就先幻想，光是幻想就很興奮！

Question

問題
4

你繼承親戚的牧場，在牧場裡，總共有一百頭馬和羊。請問，你覺得馬和羊的比例大概是怎樣呢？

A
羊比較多

B
馬比較多

C
兩者的數量差不多

D
某一種特別多

Answer

強壯的馬＝S（虐待狂），柔弱的羊＝M（被虐狂）！

診斷你的「SM指數」

B
不顧對方的感受！盡你所能虐待別人的超級虐待狂

選擇馬比較多的你，一句話，就是超級虐待狂！你在虐待別人的時候，可以得到很大的快感，但是被你虐待的人就不一定了，就算是超級被虐狂可能也會受不了。再不控制一下自己，只怕沒有人要理你！

A
到哪裡都想被虐待！連虐待狂都不想理你的超級被虐狂

選擇羊比較多的你，在SM的世界裡，是完全的被虐狂。在你的想像中，羊的數量越多，被虐指數就越高。如果想像中有60隻羊，那你是普通的被虐狂；如果有80隻羊，那就很嚴重了，可能連虐待狂都不想理你！

D
如果你說第二，沒人敢說第一！頂尖的SM高手！

如果你認為羊與馬的數量是1比99這樣極端的比例，我只能說，你是SM高手！床上就不用說了，就連平常約會的時候，你都能無意識的展現你的SM癖好。如果你說自己第二，相信沒人敢說第一，真是高手中的高手！

C
不要再騙人了！你只想隱藏真正的自己

選擇兩者的數量差不多，代表你心裡的S性格與M性格正在打架。可能是因為你現在經驗還不多，當你實際體驗過，就會明白自己屬於哪一種類型了。雖然你不喜歡把自己歸類為S或M，但你內心應該是很火熱的！

Question

問題 5

你和一群朋友去露營，走在山裡，發現了一個洞穴。朋友中有異性，也有同性，請問，你會跟誰一起走進山洞呢？

A 自己一個人進去

B 幾個人一起進去

C 跟比較好的異性兩人一起進去

D 一群人一起進去

Answer

神秘的洞穴，暴露出你對性愛的欲望！

診斷你內心想「雜交」的欲望

B 如果有機會想試試看！但現在還沒有勇氣

你其實很想試試看雜交是什麼感覺，卻苦無機會，始終無法踏出第一步。但是，如果你總是認為自己沒有機會，那麼等一輩子都不可能實現。下定決心，主動出擊吧，說不定可以得到新的快感！

A 絕對不可能雜交！不用伴侶也能滿足自己

對你來說，雜交或多P性愛，根本無法想像，你打從心裡就沒有這種欲望。如果只是要滿足自己的性欲，你認為自己DIY反而樂得自在。所以，即使有另一半，你也會傾向無性生活！

D 已經不是普通的性愛了！超級淫亂，雜交萬歲！

你已經厭倦了只有兩人進飯店開房間。只跟一個人做愛已經無法滿足你，你常常會想跟很多人一起做愛。只能說，你已經中毒很深了。對你來說，生活就是性愛，其實，這種想法也挺讓人羨慕的！

C 只有與特定的人做愛，才能得到快感

你的性愛經驗豐富，卻只有與特定的人做愛，才能得到快感。對方如果只是「朋友」，而不是「戀人」，你也不會感到興奮。雖然你也會想試試看雜交，但是實際體驗過後，你應該也會認為自己不適合吧！

Chapter 2

從「小動作」透視人心

仕草で読み取る人間心理

站得筆直的人，是想展現自己的男子氣概

透視力關鍵字 非語言溝通

艾克曼（Paul Ekman）是研究非語言溝通的知名學者，他曾經說過，想知道一個人內心的想法，觀察他的動作，會比觀察他的表情來得有效。

因為人都有防衛本能，不會輕易讓別人從表情就看出自己的想法，但是對於其他部位就會疏於防衛。因此，如果我們能解讀一個人的動作，就能透視他的心。我們就來看看「腳」的動作。

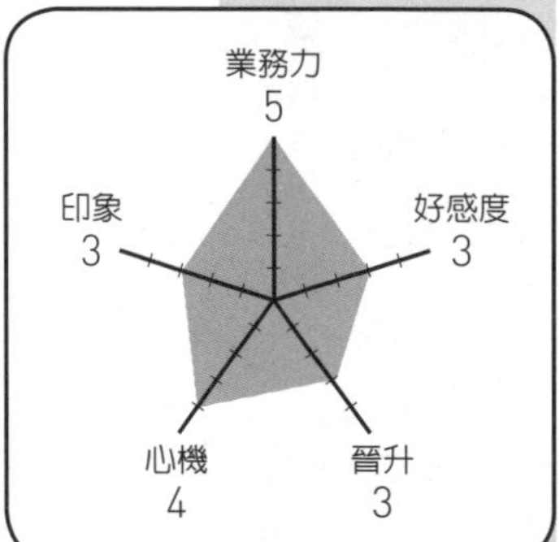

一個人站著時，如果膝關節打直，代表他的精神狀態是緊繃的。雙腳打開，站得直挺挺的，這是「男子氣概」的象徵，代表他想讓別人覺得自己很有男子氣概。另外，雙腳交叉站立，代表他心裡很不安，想保護自己。

從腳尖的方向，也能夠探知對方的想法。舉例來說，兩人聊天的時候，如果對方的腳尖朝向自己，表示他對這個話題有興趣，想聽你說。相反的，如果對方的腳尖朝著門口的方向，就表示他的心裡想快點結束，想快點離開這裡。

與人溝通時，我們很容易忽略這些姿勢所透露出的訊息，因為我們往往只在乎對方的表情，而沒注意到對方腳的動作。在商談的時候，觀察這些小動作，會幫助你更了解對方的心思。

此外，我們也要注意自己的雙腳，有意識的控制平常的習慣動作，也是讓自己在溝通上更具優勢的方法！

心理 POINT

別忽略了腳部動作透露出的重要訊息！

沒有好好對待鞋子的女性比較輕浮

透視力關鍵字　貞操觀念

你的同事、朋友是怎麼脫鞋子的呢？大家平常可能不會去留意，但應該有很多機會可以觀察到。去朋友家玩時，就可以觀察他們是怎麼脫鞋子和擺放鞋子的。從這些小動作，可以知道一個人的貞操觀念和對女性的態度。

這個是精神分析學家佛洛伊德提出的理論。根據佛洛伊德的說法，像鞋子這種具包覆性的東西，是女性性器官的象徵。不管是

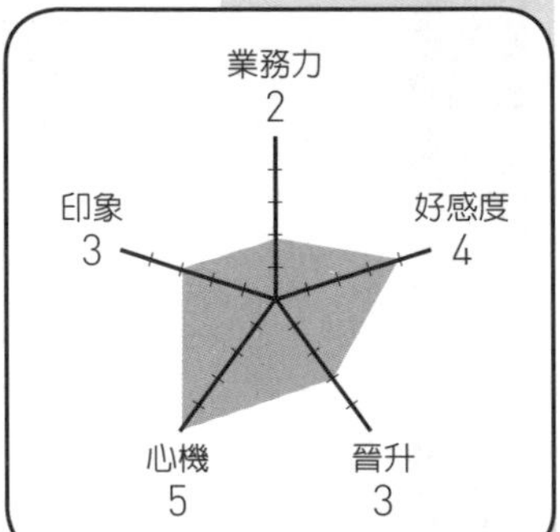

對男性或對女性而言，鞋子就是象徵性行為。

一個人花多少心思在處理自己的鞋子，也就直接反應這個人的貞操觀念。如果鞋子脫下來後，就隨便亂丟，我們可以說，這個人對性行為也很隨便。

鞋子脫下來後就隨便亂丟的人，性觀念是比較輕浮的；相反的，鞋子脫下來後會擺放整齊的人，我們也可以判斷，他對性的意識比較高，貞操觀念也比較強。

男性也是一樣，會好好對待自己鞋子的人，也會好好對待女性的性器官。有些人是會特別保養上班穿的鞋子，但私下穿的鞋子踩爛了也不在意，這種人在性方面就比較本位主義。

最好還是隨時保持鞋子的乾淨、整潔，好好對待自己的鞋子。我們會從這個角度來看一個人的貞操觀念，同樣的，別人也會看我們是如何對待鞋子的，因此絕對不能大意。

心理POINT

如何對待鞋子，反映出一個人的異性關係！

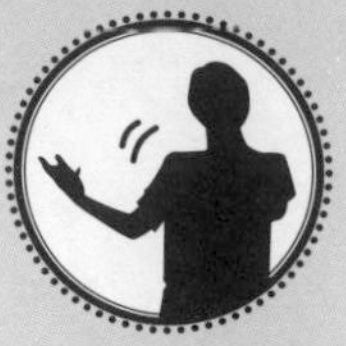

女性歪著頭聽你說話，表示很熱中於話題

透視力關鍵字　欲望的表現

談話時，女性出現點頭、附和這些小動作的頻率比男性高。看到女性頻頻點頭，不停問：「真的嗎？然後呢？然後呢？」就覺得她們對這個話題很感興趣。會這麼想也是無可厚非，不過，就女性的心理來看，這其實是表達善意的一種方式。當然，絕對不是不想聽，但也不是那麼感興趣。

那麼，要如何判斷眼前的女性對自己所說的話是真的感興趣，還是只是出於禮貌

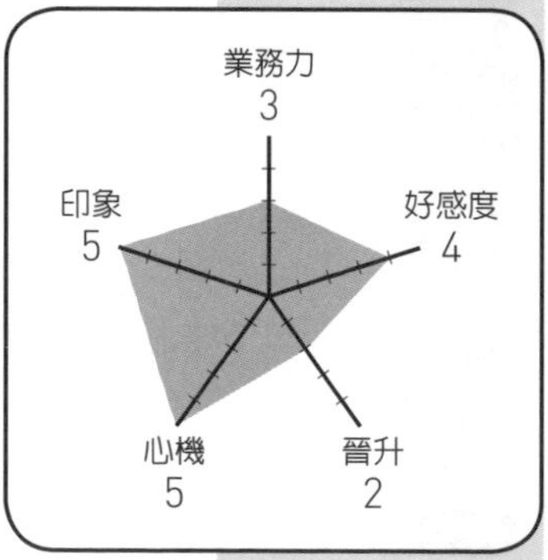

呢？關鍵就在於「頸部」。

微微歪頭，這個動作就代表希望對方繼續說下去。「還想聽下去」、「想知道接下來會有什麼發展」，這些欲望和疑問，都會表現在頸部的動作，比語言更直接。比起點頭附和「嗯、嗯」，微微歪頭，表示「咦？」，會讓人更想繼續說下去吧。就像一對男女剛認識時，通常會以問句來展開對話。比起點頭肯定，微微歪頭，就像是提出問句，希望對方繼續說下去。

另外，在談話時，女性通常會很自然的點頭與附和，當她忘了做這些動作時，代表她很認真在聽你說話，才會忘了做回應。所以，點頭與附和的次數減少，反而是認真聽你說話的證據。這就不是善意的回應，而是發自內心的反應。

如果你有想要進一步發展的對象，雙方聊得來，才會有好的開始。想知道對方對聊天的話題有沒有興趣，或是要計算改變話題的時間點，多注意頸部的小動作，將大有幫助！

心理POINT

比起點頭和附和，應該多注意頸部的動作！

女性崇拜的眼神，會讓男性產生無上的優越感

透視力關鍵字

保護欲

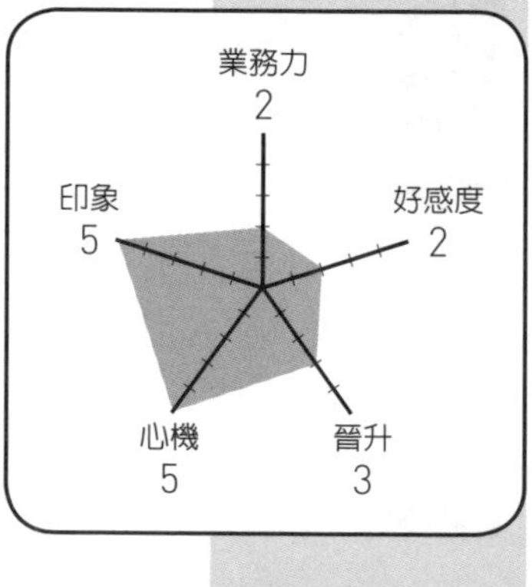

當女性帶著崇拜的眼神請男性幫忙時，男性往往無法抗拒她們的要求。就算知道那崇拜的神情只是裝出來的，仍樂於接受。為什麼女性崇拜的眼神，對男性會那麼有效呢？

崇拜的眼神，也就是「由下往上看」的行為，代表著上下關係，也就是「服從對方」、「尊敬對方」的意思。

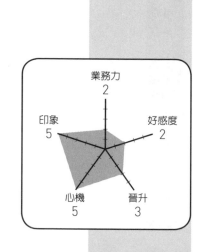

這樣的行為，滿足了男性想要展現自己的能力，以及享受優越感的欲望，對缺乏自信的男性來說更是如此。如果對方又是「小動物系」的女性，也就是圓臉、體型嬌小的女性，她們崇拜的眼神更能觸動男性的本能。就像一隻小狗望著我們，當然討厭狗的人例外，基本上大家都會忍不住想抱抱牠、保護牠，這是人類本能的保護欲。如果對方是女性的話，除了保護欲之外，連支配欲和性欲都一併滿足了，這可以說是非常可怕的技巧。

職場上的女強人，如果突然出現這樣的行為，那種落差感帶來的效果更為強烈。即使是男女平等的社會，男性還是喜歡比女性優越的感覺，這是人類的本能。看到女性上司露出平常看不到的哀求表情，男性下屬肯定無法抗拒。

不過，同為女性，看到這樣的行為，只會覺得做作，反而會被討厭。這是嫉妒心理，同時也是同性相斥的原理，說不定有些人還帶著輕蔑的心理。同一種行為，能夠引來兩性這麼大的反應，大概也只有「崇拜的眼神」了！

心理POINT

偶爾露出崇拜的眼神，會讓男性無法抗拒！

手放在後腦勺上，代表他心理感到內疚

透視力關鍵字　副語言

在電視劇或電影中，出現「糟糕」這類台詞的時候，常會看到演員的手放在後腦勺上，各位有沒有這樣的印象呢？當然，每個國家的文化不同，但這個動作可說是世界共通的，表示「糟糕」、「想說出來，卻又很猶豫」的心理狀態。

點頭或附和是為了讓對話能夠順利進行，而這個動作剛好相反，一旦出現這樣的動作，代表他想中斷目前的對話，或是

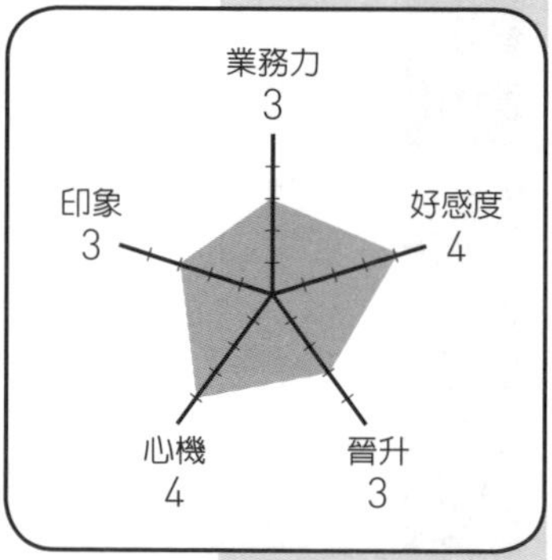

保留一點思考的時間。很少人手放在後腦勺上還能夠順利對話吧，應該會不斷出現「嗯……」、「啊……」這些語助詞，說不出話來。當這樣的行為出現在對話中時，就算是「危險訊號」，表示對方有不想說的事，或是事情不利於自己或對方，不想讓人知道等等的心理狀態。

反過來說，利用這個動作，也可以讓對方有個緩衝，如果就這麼直接說出來，對方受到的驚嚇可能更大。

心理 POINT

要注意手放在後腦勺上說話的人！

手貼著後腦勺的人的心理

手放在後腦勺或後頸部，表示他心裡有所隱瞞或難以啟齒的事情。要特別注意這個動作！

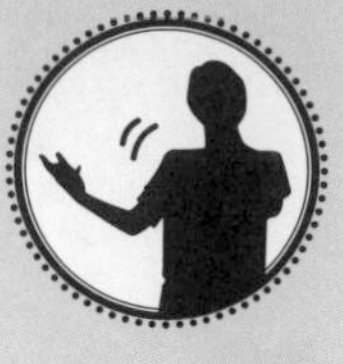

不斷附和的人，只是假裝在聽你說話

透視力關鍵字　真心的附和

　　前面說明過，與人談話時，頻繁的附和並不等於認真在聽對方說話。那麼，我們要怎麼分辨一個人附和的動作或話語，是不是出於真心呢？一邊聽對方說話，一邊點頭，說一些催促對方繼續說下去的話，這並不是壞事，關鍵在於，做出這些動作的時間點。

　　當你有一些議題想說服對方時，如果對方看著你的眼睛，在話與話之間「適當的」插入附和的話語，就表示他是真心想聽你說

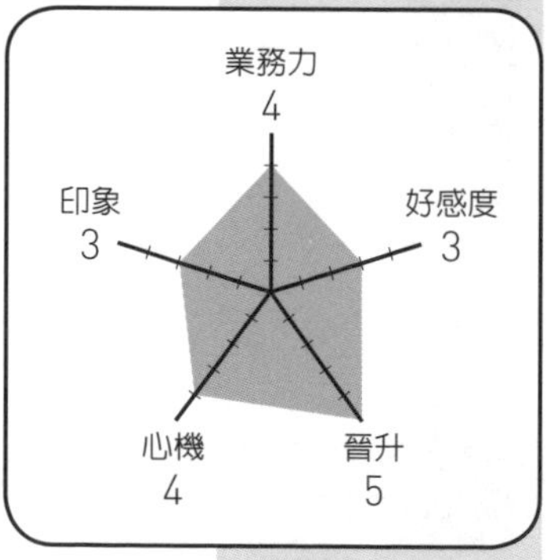

明。這就是真心的附和，表現出想聽對方說出更多內容的心情。

相反的，如果對方沒有看著你的眼睛，只是隨口「嗯、嗯」的回應，那就只是社交性的附和，只是假裝在聽你說話的樣子，其實對談話的內容完全沒有興趣。對方只是做個樣子，心裡只想趕快結束話題，這時候要說服對方大概也不容易。

其實不想聽對方說，只是出於禮貌的反射性附和，以及真心的附和，兩者的區別，從附和的時間點與次數就能夠簡單判斷。不要認為對方沒有附和，就代表沒在聽你說話。事實不然，附和的次數和溝通的品質，本來就和沒有比例上的關係，只是個人的習慣而已。

當我們在思考談話的內容時，就不會那麼頻繁的附和，只在必要時候才回應對方或提出問題。反倒是那種不停的附和的人，跟對方說太多只是浪費時間而已，倒不如盡快結束話題，還能留下一個好印象！

心理 POINT

懂得分辨附和的類型，讓溝通更順暢！

看到對方反覆翹腳，代表他已經厭倦了

透視力關鍵字　反覆翹腳

看到女性反覆翹腳，可別以為她是在誘惑你，那只是一種迷信啊！從結論來說，在談話的過程中，或是在吃飯的時候，女性頻繁的換腳翹腳，代表她對現在的狀況已經感到厭煩。當然，我們不會一直注意女性的腳，而且從表情也看不出她有所不滿，但如果你覺得怎麼一直聊不起來時，有可能她們的不滿已經表現在腳上了。

當我們感到無聊的時候，會出於本能的

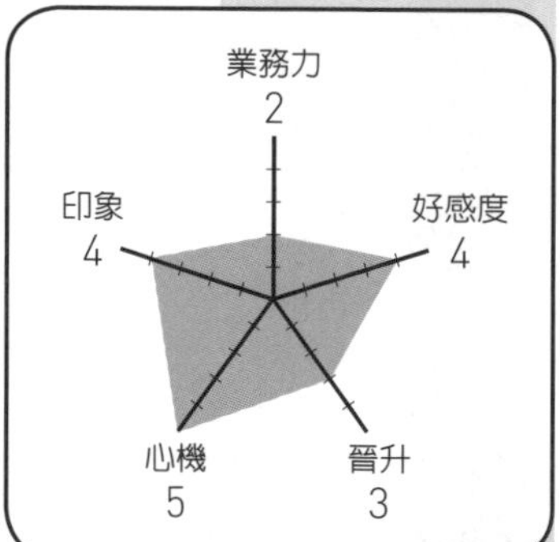

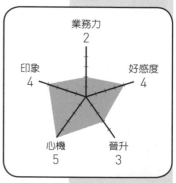

想要動一動，做一些事情。不過，有點社會經驗與常識的人都知道，直接表現出這種無聊的心情是很不禮貌的。因此，在本能與常識之間，能夠活動的部位就只有「腳」了。的確，在對話的過程中，頻繁的活動手或手指，會很明顯的暴露出自己正在想別的事情，對眼前的人沒有興趣。為了不要表現得太明顯，我們會不自覺的動動自己的腳，到最後變成頻繁的換腳翹腳。

不曉得是幸還是不幸，在有桌子遮蔽的狀況下，如果不特別留意，很難觀察到對方腳的動作。雖然一直注視著對方的腳是很失禮的，但特別是與女性交談時，注意她們腳的動作是很重要的環節。

萬一面前的女性已經表現出很厭煩的樣子，先不用感到絕望。觀察對方腳的動作，適時改變話題，或是更換場地，還是有翻盤的餘地。

再提醒一點，你只要觀察就好，不需要指正對方。對方已經覺得無聊了，是不會開心接受你的指正的。

心理POINT

看到對方反覆翹腳時，試著改變話題吧！

不敢正視對方的人，沒說出真話

透視力關鍵字　視線的動向

觀察對方視線的動向，這就比較容易做到，也比較容易理解，而且男女適用。談話的時候，如果對方刻意避開視線，就是「說謊」或「沒說出真話」的表現了，大家在日常生活中應該都有這樣的感覺。

另外，從對話的內容，我們就可以再更深入了解對方的心理。其實，說謊也不全然是壞事。舉個例子來說，在公司裡，我們常常會聽到「還不錯」這樣的評價。但這三個

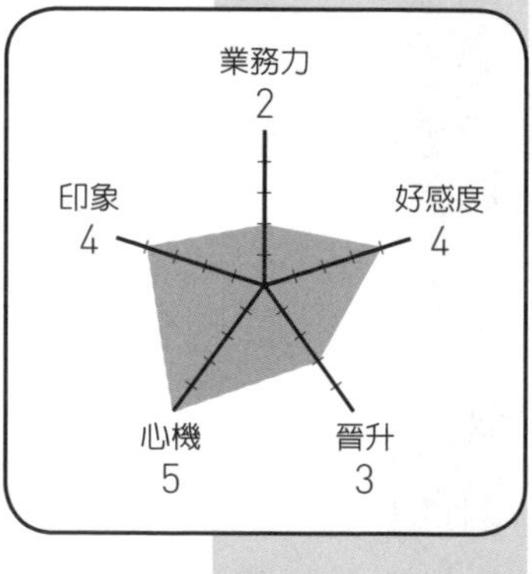

字，到底是要表達什麼呢？真的只是「還不錯」，還是其實很想褒獎下屬，但是礙於面子或其他狀況，所以只能用這三個字來帶過？只要仔細觀察對方的眼神，就可以知道。

女性也可以從男性的眼神，知道他是不是在吃醋。例如，朋友找你去喝酒，但那個場合還有其他男性，徵求另一半的意見，如果他正視著你說：「沒關係！」那他應該非常信任你。當然，也有可能他根本覺得無所謂。

相反的，如果他在回答你的時候，沒有看著你，那他就有可能是在說謊。也就是說，他根本不希望你去。

不是只有逼問對方有沒有說謊或外遇，或是吵架追究責任時，才要注意對方的眼神。平常就可以多觀察對方的眼神，藉此來確認兩人之間的愛意。因為一個人的眼神，比起任何話語，更能表達他的真心。

心理POINT

從眼神看穿話語背後隱藏的真心！

肢體接觸越多，是希望更親密的證據

透視力關鍵字　親密度

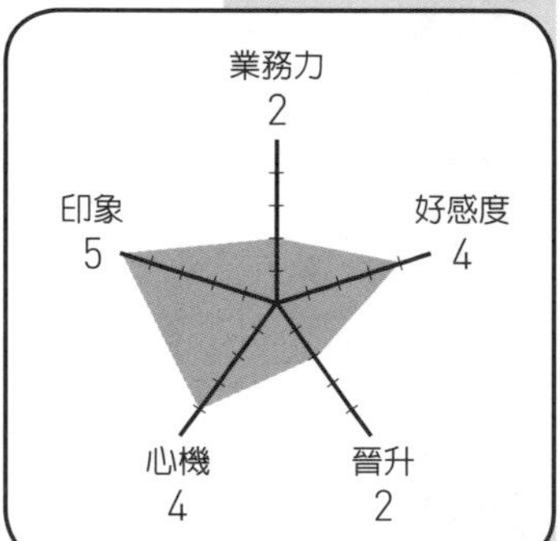

女性雜誌中，關於戀愛技巧的文章常常會寫道，身體的接觸，代表親密的程度。另外，一些少年漫畫也會以「不打不相識」來展開故事，這是有道理的。

因為人的心是看不到的，想要拉近彼此之間的距離，希望兩人更親近時，我們會用物理性的方式，也就是透過肢體接觸。用最簡單的方式來說明，男女之間的最親密關係，就是性愛。但是，我們不可能一開始就

展開這種關係，因此，我們會以簡單的肢體接觸來接近喜歡的人。

這其實不限於男女之間的關係，工作場合也經常會有類似的情況。舉個例子來說，一早進公司時，主管拍拍你的肩膀說：「最近怎麼樣？」大家有沒有這樣經驗呢？對女性職員這麼做，有可能被認為是性騷擾，但大部分的情況應該都是出於善意，表示關心。部下知道主管有在注意自己、關心自己，就會感到安心，同時也會有所警惕。雖然做法很老套，卻有不錯的效果，只要不做得太超過，往往能夠提升工作效率。

只是有件事一定要注意，兩人如果沒有一定程度的認識，突如其來的肢體接觸，反而會讓人有所警戒。例如，在聯誼場合才剛認識的人，就頻頻有肢體上的接觸，除非對方對你是一見鍾情，否則只會覺得嫌惡、警戒，在產生好感之前，就先形成「輕浮」的印象。所以，掌握彼此之間的關係，再利用肢體接觸，才能有效拉近兩人的距離。

心理 POINT

肢體接觸，是給自己喜歡的人的暗示！

手碰觸嘴唇，是欲求不滿的表現

透視力關鍵字

口欲期性欲

手碰觸嘴唇這個行為，代表什麼樣的心理狀態呢？

為了尋求療癒和安心，人會無意識的碰觸嘴唇。心理學家佛洛依德把這個行為稱為「口欲期性欲」。小嬰兒的身體還未發育，無法自己滿足自己的需求，只能透過吸吮母乳、奶嘴，或是舔舐自己的手指，這些靠嘴巴吸吮的動作來滿足自己的欲望。

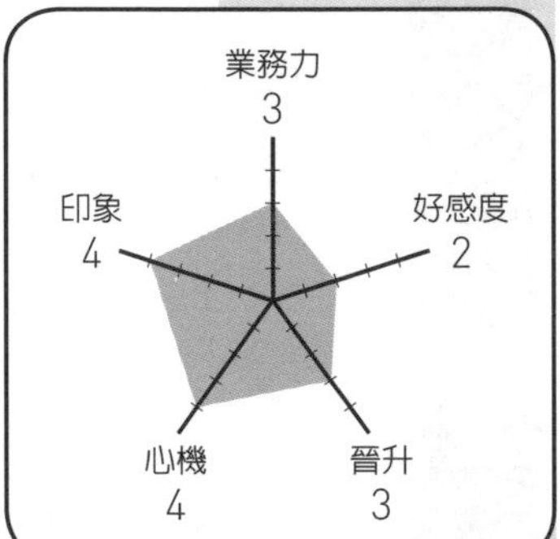

依據佛洛依德的說法，幼兒期還無法區分什麼是食欲，什麼是性欲，所以透過攝取營養，也就是嘴巴吃東西這個滿足食欲的行為，來滿足自己所有的欲望。

隨著成長，食欲與性欲的區分會越來越明確，但是，人想要尋求安全感時，還是會習慣性的碰觸嘴唇。更一步來說，舌頭舔嘴唇的動作，就是感興趣的意思。舔嘴唇並不只是單純的表現食欲而已，而是對眼前的人或事物產生欲望，想滿足欲望。

假設你和一位女性在聊天，對方頻頻舔嘴唇，這個行為所代表的心理狀態，又不同於在強大的壓力下，人為了尋求全心感的小動作。由於舌頭是官能的象徵，當女性出現這樣的行為，代表她對你有興趣，而且也想讓你知道她的心意。千萬別遲鈍的問她：「妳口渴嗎？」如果應對得當，對你來說可是千載難逢的好機會！

心理 POINT

嘴唇不是只有代表食欲而已！

Test

了解自己的心理測驗②

本当の自分がわかる心理テスト

問題
6

請憑直覺回答。出國旅行一段時間的你，回國後，重新開啟手機電源。請問，你第一件事情會先做什麼呢？

Question

A

先確認信件

B

上網瀏覽自己
喜歡的網站

C

打電話給家人

D

不會特別做些什麼

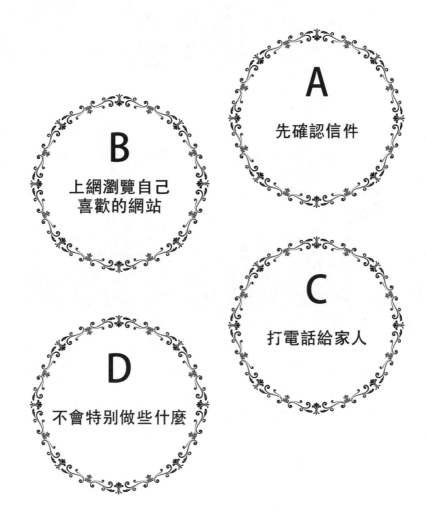

Answer

注意!你有沒有「被愛狂想症」!
診斷你內心「有多想被愛」

B

像一隻喜歡自由的貓！
不在乎的態度，讓人更愛你

選擇B的人，喜歡照著自己的方式生活。談戀愛的時候，也不會在乎誰比較愛誰這種問題，反而讓對方希望更加在意你。從結論來看，你得到的愛很多，可說是「以退為進的勝利」！

A

不管何時都缺乏愛！
愛永遠不夠！一直想被愛

不管什麼時候，你都是一個需要別人關愛的人，也就是所謂的「被愛狂想症」。不管對方有多愛你，你永遠嫌不夠。能讓你的心恢復平靜的，只有被愛的事實，也就是兩人互傳的簡訊。要注意，別太依賴手機了！

D

任何時候，你都有絕對的自信！
認為對方一定很愛自己

「對方一定很愛自己」，對此你有絕對的自信。你認為自己不需要多做什麼，對方也會很愛你。事實上，也真的如你所想。你的戀愛觀是以你的自信心為基礎，已經凌駕於你想要被愛的心情！

C

充滿慈愛與包容！
與其被愛，你更想愛人

比起被愛，對你來說，愛一個人，才能夠獲得滿足，所以你選擇先向自己最愛的家人報平安。這樣的愛是非常崇高的。可以看得出來，你並不會太過依賴自己喜歡的人，也不會造成對方的負擔！

Question

問題
7

炎熱的暑假，你到避暑勝地去度假。早晨散步時，你在森林中發現很乾淨的泉水。請問，接下來你會採取什麼行動呢？

A
往水裡面看

B
裝滿水壺，
確保飲用水

C
跳進水裡游泳

Answer

不管醒著或睡著，心裡都想著他！
診斷你「戀愛中毒」的程度

戀愛就像是人生的添加物！
戀愛中毒程度0%

看到泉水，你不是覺得好奇，而是先想到它的實用價值。你是現實主義者，戀愛中毒程度是0%。你將對方視為獨立的個體，可以保持適當的距離，談一場大人的戀愛。不過，應該很多人跟你說過，「你沒有談過真正的戀愛」！

B

等到自己發現時，已經非常依賴他！戀愛中毒程度50%

看起來好像很冷靜，但其實你對泉水很好奇，還會積極靠近去看，你的戀愛中毒程度50%。表面上裝出對談戀愛沒什麼興趣的樣子，但是，可能在連你自己都沒有發現的狀況下，就陷入了愛情！

A

戀愛就是人生！
戀愛中毒程度100%

除了積極靠近泉水，你還想跳進水裡，這樣的你，戀愛中毒程度100%。不只對於戀愛，你對任何事情都有很大的好奇心。熱中於一件事情時，你經常是廢寢忘食，嚴重影響生活。做任何事情，別忘了適可而止！

C

Question

問題
8

剛滿三十歲的你，想送給自己一份禮物。你狠下心來，訂做了一條項鍊。因為訂做需要花一些時間，請問，你認為需要花多少時間呢？

A
一個禮拜

B
一個月

C
三個月

D
半年

Answer

特別的項鍊＝你對戀愛的態度

診斷你的「戀愛持續力」

B 不想惹太多麻煩！
戀愛持續力40%

發生問題時，你習慣先道歉，希望能夠息事寧人。表面上看來好像沒事了，但是由於根本問題沒有解決，所以同樣的狀況還會不斷發生，兩個人可能因此而破局。所以，不管是什麼事，都要鼓起勇氣，好好與對方溝通！

A 很愛、很愛、非常愛！
戀愛持續力20%

當你喜歡上一個人時，你會表現得很直接。不過，如果你一直要求對方「看著自己」、「更愛自己」，對方也會被你搞得精疲力盡。雖然你熱得很快，但冷卻的速度也很快，等到對方真的喜歡上你時，你可能已經沒興趣了！

D 你的眼中只有另一半！
戀愛持續力80%

一本初衷的你，從兩人交往的那一刻開始，你就打算跟這個人結婚。雖然你的戀愛持續力很強，但這樣的愛可能太沉重，會讓對方想逃跑。當兩人分手之後，你變成跟蹤狂的可能性也很高，可別被抓進警察局了！

C 希望雙方能夠互相了解！
戀愛持續力60%

即使兩人的意見相左，你也不會堅持己見，你會好好與對方溝通，尋求解決之道。你希望感情能夠長久，不過，當你覺得「這個人不是我的Mr.／Miss Right」時，你也不會煩惱太久，你會快刀斬亂麻，反而讓人覺得有些無情！

Question

問題
9

「我想吃燒烤！」因為你的另一半這麼說，你們決定今天晚餐就吃燒烤。假設你要帶另一半到從未去過的燒烤店用餐，你會選擇怎樣的店呢？

A
無煙燒烤店

B
以前就有的老店

C
有著時尚氛圍的店

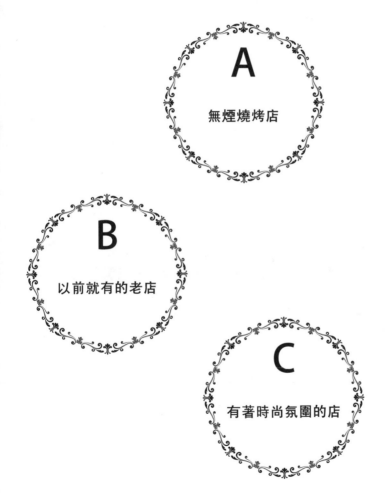

Answer

對你而言，選擇另一半的最低條件是什麼？

診斷你選擇另一半的「最低條件」

B

絕對的安全感！
能夠給彼此安心與信賴

你會給對方滿滿的愛，也會要求對方要給你同等的「愛」和「安全感」。只是，你也有感情用事的一面。一旦兩人開始交往，或是意識到要結婚的時候，你會變得很衝動，面對另一半將無法冷靜思考，要多注意！

A

就像電影《窈窕淑女》！
另一半代表著自己的社會地位

你選擇另一半的最低條件，簡單來說，就是「經濟能力和社會地位」。能夠帶自己去會員制的高級俱樂部，或是在知名企業上班的人，你會覺得特別有魅力。這類型的人大部分都懷著灰姑娘的夢想！

C

共享刺激與快樂！
希望可以和另一半四處遊玩

你對另一半的要求，就是「刺激」，對方必須是對流行事物很敏感的人，保有像孩子一樣的童心。到最熱門的約會景點遊玩，你一定會玩得很開心。因為你喜歡玩樂，所以也會要求性愛方面的契合度！

Question

問題
10

想像一下，你面前有一棵長滿蘋果的蘋果樹，看起來很美味。如果你可以摘一顆來吃，你會選擇哪個位置的蘋果呢？

A
伸手就可以摘到的蘋果

B
在很高的地方，手觸碰不到的蘋果

C
掉在附近的蘋果

D
雖然在高處，但踩高一點就可以摘到的蘋果

Answer

不管是誰，都會憧憬開在高山上的花朵！
診斷你對另一半的「理想高度」

B
**追求至高的存在！
你是不斷追求理想的追夢人**

你對另一半的理想太過於崇高，所以在現實生活中找不到伴侶的機率非常大！你認為周遭的情侶都是「妥協的結果」，而看不起他們。只不過，追求一輩子也追不到的另一半，這才是最可笑的，不是嗎？

A
**從外表與內在做綜合判斷！
在近處尋求自己的另一半**

追求伸手就可以獲得的愛情，你的想法很實際。在學校或職場中，尋找有魅力、有長才的人，試著與對方交往。由於對方就是自己身邊的人，所以你也不會幻想他有多完美，不會因為理想與現實的落差而分手！

D
**面對高標準的另一半，也只有
高標準的自己才配得上**

基本上，你對另一半標準很高，希望對方的條件一定要好。不過，你也會要求自己要能夠配得上對方，而努力提升自己的魅力。也因此，如果對方沒有同樣的努力與積極，即使對方的外表再好，也不會吸引你！

C
**戀愛要看感覺和時機！
從結果來看最實際的人**

你把理想與現實分得很清楚，聯誼的時候，你會選擇和自己最有話聊的人，而不是最受歡迎的人，兩人很自然的交往。因為比起外表，你更重視兩人在一起的感覺，所以你的戀愛關係也會比較長久！

Chapter 3

從「對話」透視人心

会話で読み取る人間心理

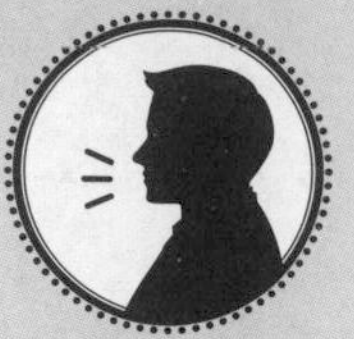

要小心用「以退為進法」達成目的的人

透視力關鍵字　以退為進法

假設你的朋友A問你：「能不能借我一萬元？」你拒絕了。幾天後，他又跑來找你，問你：「這幾天想要出遠門，可以借我車子嗎？」你心想，幾天前才拒絕借錢給他，如果連車子都不借，好像太小氣了，於是你就把車子借給他……

你也許會認為這個朋友A也太厚臉皮了，其實他是利用心理學中的「以退為進法」（Door-in-the-face），順利借到車

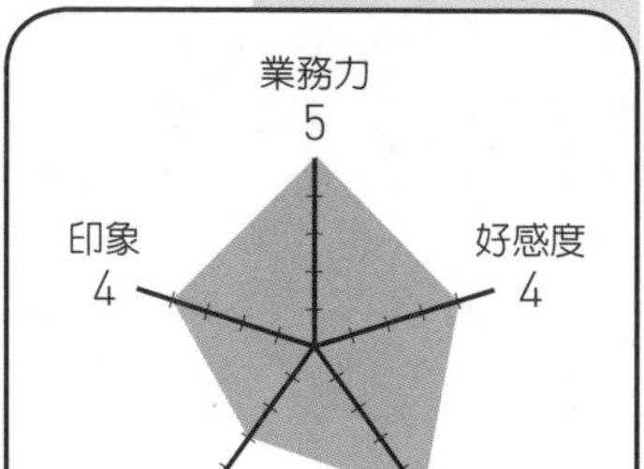

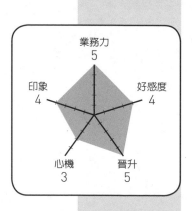

子，是個非常聰明的人。當我們冷漠的拒絕對方的要求時，大多會感到不好意思，下一次再見面時，就會覺得，「上次的事他都讓步了，這次就換我讓步了。」於是答應對方的要求。

當你有事情要拜託別人的時候，就可以利用這個「以退為進法」。

例如，要約喜歡的異性同事吃飯時，就利用這個技巧。你可以先跟對方約假日出遊，這時候被拒絕也是無可厚非，第二次再約他吃午餐。已經拒絕過你的同事，心中多少都有一些罪惡感。所以，當你提出退讓一步的要求時，為了讓你知道自己不是那麼冷漠的人，答應的機率很高。此時，第二次的邀約會比第一次來得容易，這就是讓對方說「好」的訣竅。

心理POINT
要把握被拒絕過一次之後的機會！

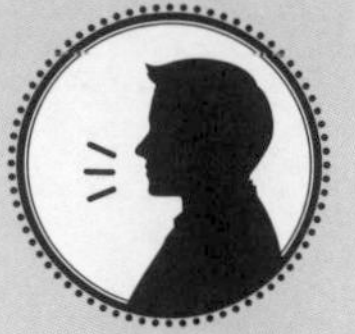

雙手環胸聽你說話的人，內心是封閉的

透視力關鍵字

自我防衛的訊號

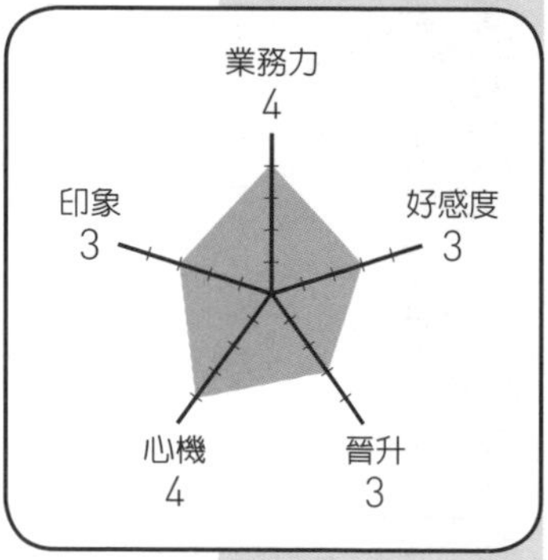

一個人的姿勢，其實已經無意識的透露出他現在的心理狀態。在心理學上，「雙手環胸」的姿勢，代表著防衛的心理。

曾經有心理學家做過實驗，他將學生分成兩組，一組要他們用比較輕鬆的姿勢聽課，雙手不能環胸，也不能互握；另一組則是要他們雙手環胸。

下課後，請這兩組學生針對上課的內容

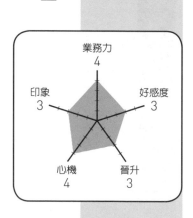

填寫問卷。結果顯示，以雙手環胸的姿勢聽課的學生，對上課的內容提出比較具批判性的回饋。

從這個實驗我們可以知道，雙手環胸的姿勢與「自我防衛」、「批判」的心理互相連結。另外，上課時沒有雙手環胸的學生，考試成績也優於雙手環胸的學生。也就是說，輕鬆、開放的心態，有助於知識的吸收。

雙手環胸時，如果手掌抓著雙臂，代表內心不安；如果雙手握拳，代表內心懷著強烈的敵意。另外，如果雙手叉腰，手在腰間，與手肘形成一個三角形，這樣的動作可以放大身型，代表他想藉此達到威嚇對方的效果。

所以，和男友或女友吵架時，如果對方雙手環胸，還緊握拳頭，要想想自己是不是哪裡惹對方生氣了。

心理 POINT

雙手環胸是自我防衛與批判的訊號！

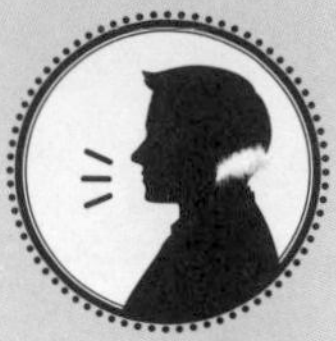

講話速度突然變快，代表內心感到害怕與不安

透視力關鍵字　緊張與內心動搖

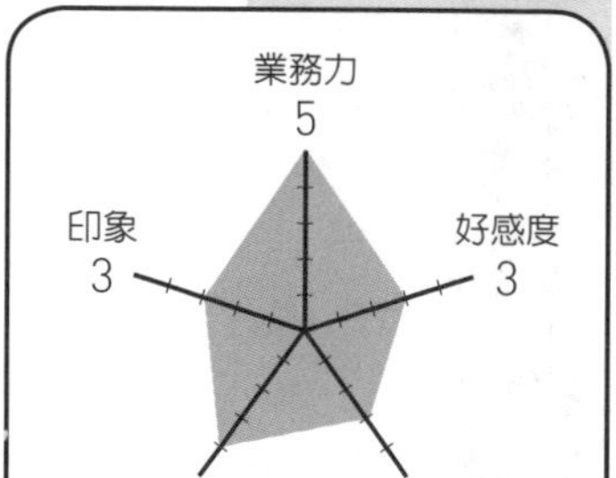

每個人說話的速度都不一樣，有些人講話快如機關槍，相反的，有些人講話總是慢條斯理，不急不徐。

雖然說話的速度是因人而異，但如果一個人講話突然變快，就可以窺見他的心理狀態。

找工作面試的時候，突然被面試官問到自己沒有準備的問題時，心裡一緊張，就不

心理 POINT

說話強勢，是為了要隱瞞自己的秘密！

自覺的用很快的速度回答，各位有沒有過這樣的經驗呢？像這種時候，因為突然感到不安、恐怖、焦慮、緊張，大腦必須在短時間內處理各種資訊，導致思緒混亂，說話的速度也會變快。

如果對方在說話的途中突然加快速度，而且說話的內容空洞無意義時，就可以斷定他現在應該很緊張、很不安。說話突然變得強勢，說不定是有什麼祕密想隱瞞。

如果一個人講話的速度突然變快，或是變得愛說話，就要多注意了。

說話含糊不清，代表他對你有好感

透視力關鍵字

行動被控制

一個人講話講得含糊不清、結結巴巴，這代表什麼樣的心理狀態呢？在喜歡的人面前，想說的話卻說不出口，這種經驗大家都有吧。兩人在談話的時候，如果對方講話含糊不清、結結巴巴，很有可能是因為他對你有好感。

為什麼跟喜歡的人說話，就沒有辦法清楚表達自己的意思呢？極端一點的解釋是，因為我們不想被對方討厭。

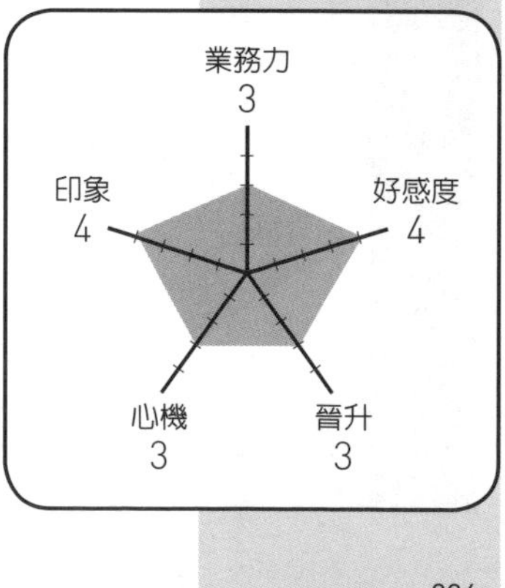

因為不想被討厭，想照著對方喜歡的方式行動，也就是說，行動的主體已經不是自己，而是對方。我們無法照著自己的想法行動，一邊想像對方的反應，一邊說話，當然無法自然的表達。我們行動已經被對方控制，無法自由行動了。

只是，這種「不想被對方討厭」的行動，看對方的臉色行事，有時候反而成了被對方討厭的理由。還是要自然一點，照自己的想法行動，才有可能展現自己最好的一面。

如果和你說話的人，講話含糊不清、結結巴巴，就要想想自己可以怎麼幫助對方，讓他放輕鬆心情。如果是你面對喜歡的人，無法隨心所欲的表達，不妨試著放開胸懷，展現真正的自己。因為怕被討厭而隱藏自己，這樣也不會長久。

心理POINT

因為怕被對方討厭，所以無法自由行動！

「我去一下洗手間……」這就表示他想結束話題了

透視力關鍵字　轉換話題

有機會與喜歡的異性朋友或剛認識的同性友人單獨出去吃飯，吃飯時雙方聊得很愉快，氣氛也很熱絡。這時，對方突然說：「我去一下洗手間……」就離開座位，話題也沒辦法再繼續下去了。

像這種情況，起身離開座位的人，不管是有意還是無意，都代表他「想結束這個話題」或「差不多要離開了」的心理，想藉此打斷對方的注意力。

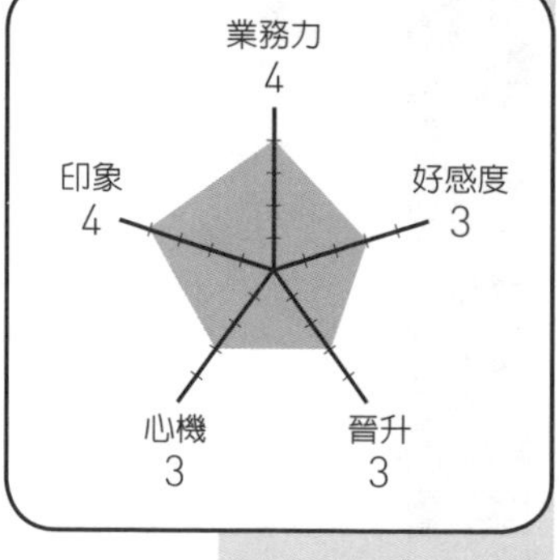

另外，除了離席去洗手間，查看自己的手機，或是無意識的玩弄桌上的餐巾紙等等，其實都代表相同的意思。

所以，當一起吃飯或喝酒的對象，出現上述的行為，轉換話題是最好的方式。此外，如果一直都是自己在說話，接下來就好好當個聽眾，讓對方有說話的機會。

其實，不是只有像這種私下的聚會才需要注意，接待客人吃飯這種比較正式的場合，更需要留意對方是否有出現類似的行為。

如果能夠分辨對方對於聊天內容的想法，不管是私下或正式的場合，你一定能夠成為一個面面俱到的聊天達人！

心理 POINT

別忽略了對方覺得無趣的小動作！

說話時一邊摸耳朵，代表不相信對方

透視力關鍵字　懷疑的暗示

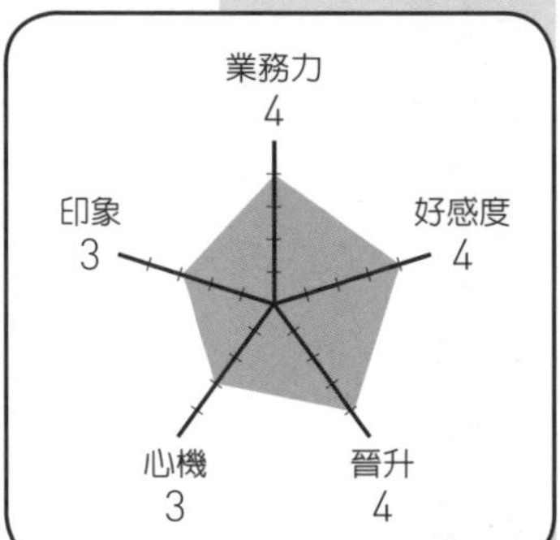

假設你是一名業務，帶著自家公司的產品去拜訪客戶，對方公司負責的人一邊聽你介紹，一邊不斷的把頭髮勾到耳後，感覺他好像因為頭髮太長而感到困擾。你很認真的把產品介紹完，但最後還是沒有成交……

其實，對方的行為已經暗示了他對你說的話並不滿意。

碰觸自己耳朵的周圍，代表「我想仔細

聽你說話」，因為對你說的話有所懷疑，才會想好好聽你在說些什麼。

因此，在商業上，與客戶交涉或推銷的重要場合，當對方出現碰觸耳朵的行為時，要特別注意。必須比平常更加注意對方的反應，臨機應變，適時改變自己的交涉風格與方式。

這個方法在生活中也很受用。例如，你闖了大禍，惹女朋友生氣。你向她道歉時，對方一直摸著自己的耳環。如果你還天真的以為她很在意耳環，那就糟了。她很可能還在生氣，不想接受你的道歉。你應該做的是展現更大的誠意，真心道歉。

行為代表著一個人的深層心理。與人談話時，看到對方伸手碰觸耳朵，就要更加注意自己說的話。

心理POINT

對方摸耳朵就表示：「你說的一字一句我都有在聽！」

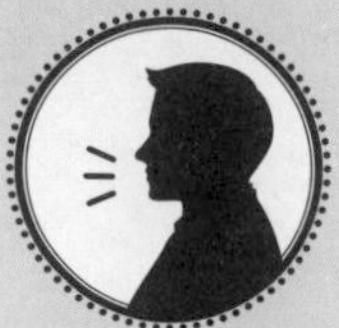

避開對方的視線，是已經厭煩的證據

透視力關鍵字　視線代表的真意

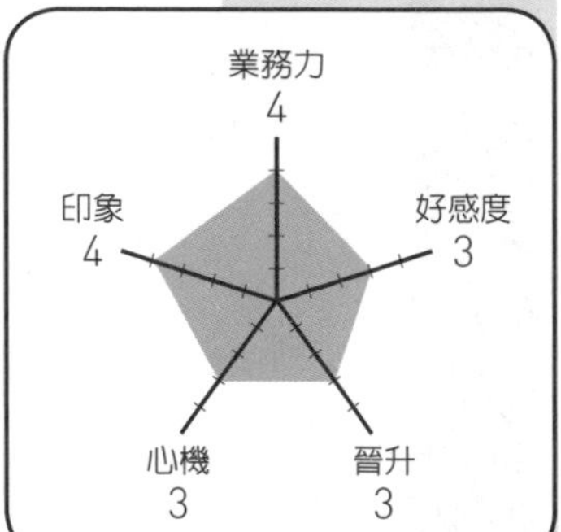

我們從小就被教導，說話時要看著對方的眼睛，不然很失禮。我們也會建議社會新鮮人，面試時，如果不敢正視面試官的眼睛，就看著對方的鼻子，靠近眼睛的地方。

看著對方的眼睛說話是基本常識，如果一個人說話的時候，不願意看著對方的眼睛，這代表什麼意思呢？

極端一點來說，聊天的時候，看到對方

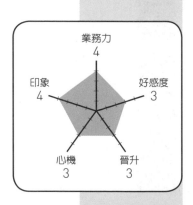

的眼神飄走，代表他對這個話題已經感到厭煩。此時，我們就應該換個話題，即使繼同一個話題，也要改變切入點，這是對話的技巧。

那麼，如果對方一直注視著自己，各位認為，他的心裡是怎麼想的呢？「對方一直注視著自己，應該是表示好感吧！」如果你兀自這麼認為，那就危險了。一個人一直注視著自己，已經超過一般的凝視時，其實是要給對方施壓的表現，他有可能是抱持著敵意。所以反過來說，我們也要盡量避免直視對方的眼睛，才不會造成誤會。

另外，斜眼看人，也要多注意。也許會有人覺得，那樣的眼神帶點性感的感覺，但是從心理學的角度來看，斜眼看人代表「拒絕」的意思。所以，當對方斜眼看著你時，可別會錯意，以為他想要誘惑你。

心理 POINT

斜眼看人，是表示拒絕的意思！

不斷說話的人，有事情瞞著你

透視力關鍵字　不自然的說話方式

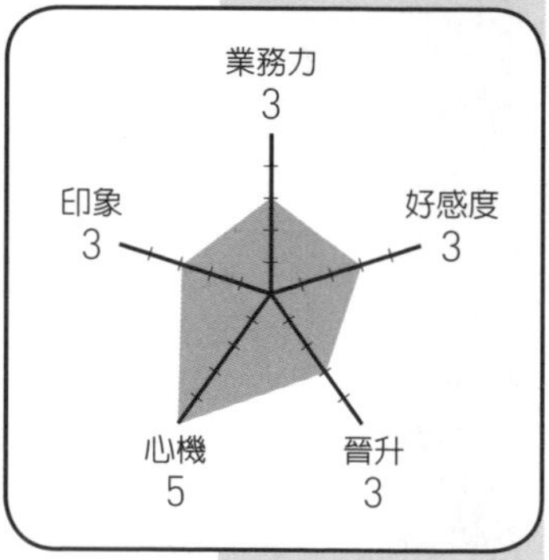

如果心中有不為人知的秘密，你會怎麼保守秘密呢？也許有人會認為，不要講話，秘密自然就可以守住了。但其實，心中懷著秘密的人，越喜歡講話。

心中懷著秘密的人，會藉由不斷的說話，掌握對話的主導權，以避免述及自己不想談論的話題。特別是平常不多話的人，如果針對某個話題頻頻表示意見，那就要特別注意了。

心理 POINT

不自然的多話，是為了避免秘密變成聊天的話題！

如果懷疑對方好像有秘密，可以試試以下這個方法，來探索他內心的想法。

假設有個人在聊到話題A的時候，說話方式突然變得很不自然，此時，先換個對方可能會感興趣的話題，讓他的說話方式回復正常。這個話題聊了一陣子之後，當對方已經漸漸忽略話題A了，再重新回到話題A。如果這時候對方的說話方式又變得不自然，或是很刻意的想要轉換其他話題時，就可以確認他心裡肯定有秘密。

如果這個秘密是跟外遇或出軌有關，一定要把握住這個機會，好好追問，千萬不要讓對方有機可逃。如果你的另一半有這樣的情形發生，務必要試試這個方法。

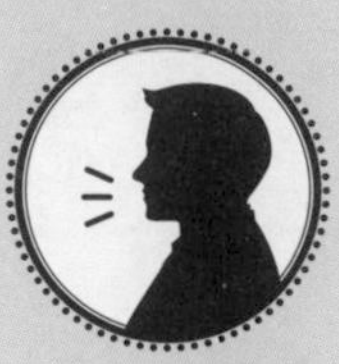

雙手托著臉頰說話的女性很自戀

透視力關鍵字　自戀的自我意識

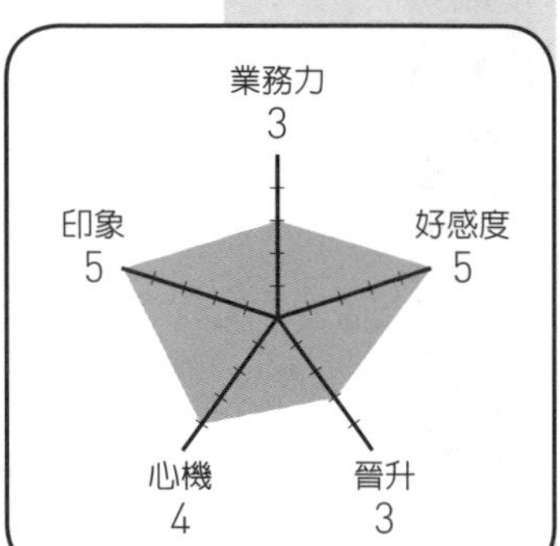

因為說話說得太興奮，整個身體都熱起來，各位有沒有過這樣的經驗呢？為了讓自己冷靜下來，我們會無意識的把手放在自己火熱的臉頰上。聊天的時候，像這樣雙手托著臉頰的女性應該不少。

對男性來說，女性這樣的姿勢看起來十分可愛。但他們不知道的是，這樣的女性心中，隱藏著自戀的傾向。手放在臉頰上，就是為了讓自己的心平靜下來。不管聊天的內

容是什麼，出現這樣的動作，代表她心裡其實更在意自己的心情。

對一個自戀的人來說，她們會希望與自己聊天的人能夠稱讚自己。所以，如果對方是你心儀的女性，當你們在聊天的時候，看到對方雙手托著臉頰，就要更注意聊天的內容。假設對方提到：「我最近愛上做料理。」她是想表現自己的手藝，你就要把握機會誇獎她。又或者，當她提到：「我最近讀了〇〇書。」也別忘了讚美她：「真厲害，妳都知道一些我不懂的！」

因為她們想要獲得別人的肯定，所以會無意識的在對話中提供一些小暗示，讓對方可以順勢讚美她們。所以，要找到讚美她們的時機，應該也不是難事。

如果你能讀懂這些暗示，一一肯定、讚美對方，相信她對你的好感度一定會提升！

心理POINT

雙手碰觸自己的臉頰，是為了讓自己冷靜下來！

Test

了解自己的心理測驗③

本当の自分がわかる心理テスト

問題
11

你和男友／女友到遊樂場約會，對方指著一部遊戲機說：「這個你玩就好，我在旁邊看。」請問，你認為那是什麼樣的遊戲呢？

Question

A
桌上冰球

B
射擊遊戲

C
夾娃娃機

D
賽車遊戲

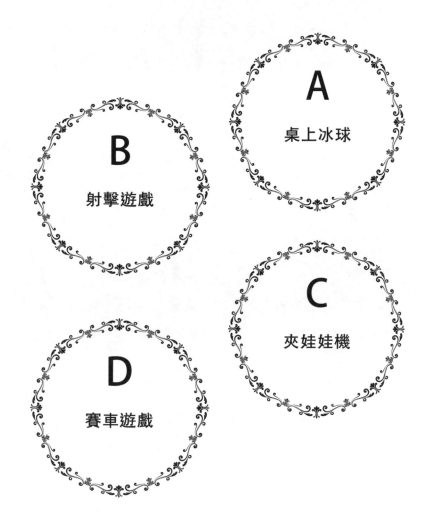

Answer

你很喜歡對方，但就是這點讓人無法忍受！
診斷你對另一半有什麼「不滿」

B
一開始明明很好的……
維持心動的感覺很重要

你希望兩人可以給彼此良好的刺激，一起成長。但是，對方卻只想在家裡約會，或是根本沒有把你說的話當一回事，讓你心生不滿。如果希望兩人的關係長久，就要避免生活一成不變，維持心動的感覺很重要！

A
兩人的步調不一致……
互相配合，關係才能長久

個性慵懶、生活步調緩慢的你，另一半卻是一個喜歡出遊，個性外向的人，或是情緒起伏比較大的人，你常常被他牽著走，已經覺得很累了。對於另一半的不滿，隨時都有可能爆發。別忘了，互相配合彼此的步調是很重要的！

D
應該要更舒服才對……
你的不滿已經讓你想出軌了

性生活是你對另一半最大的不滿。你沒有好好把自己的欲望傳達給對方知道，再加上對其他事情的不滿，形成惡性循環，最後可能會大爆發。對於性愛，你應該要更開放一點，好好把自己的需求告訴對方，不用覺得害羞！

C
希望對方能讓自己依靠……
但是現實卻相反

你希望自己的另一半是一個能讓你依靠的對象，但約會的時候，你卻只看到他一直黏著自己，整個就是靠不住的樣子，這就是你對另一半的不滿。另外，對方有時候也會破壞氣氛，一些不適當的言行舉止，總是讓你很失望！

Question

問題 12

你養的小狗，都是由老婆帶牠去散步，餵牠吃飼料。有一天，你發現小狗不再聽你的話了。此時，你會用什麼方式，讓小狗再次聽你的話呢？

A 大聲怒吼

B 用食物引誘牠

C 反覆對牠説

D 放棄

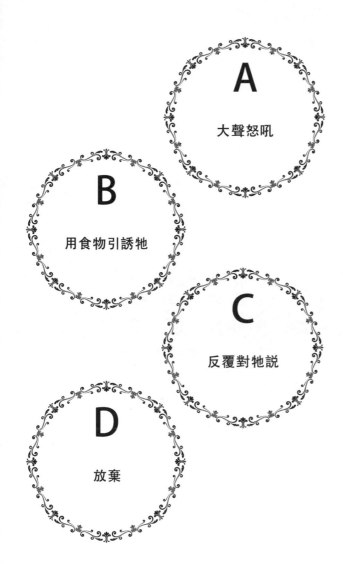

Answer

順從的小狗，代表過去甜蜜的時光！

診斷你如何面對「已經平淡的生活」

B
再好吃的誘餌，一旦習慣，只會覺得理所當然

你覺得溝通是一件麻煩事，所以當兩人的關係變平淡，你採取的對策是送對方禮物、到高級餐廳用餐，希望可以博得對方的歡心。但是這種方式只有一開始的時候會成功，一旦對方習慣了，你就得不斷提高等級，最後只會害到自己！

A
你的行為已經構成家暴！形成支配者與被支配者的關係

兩人的關係從熱情轉為平淡，其實雙方都有責任。只是，你無法容許事情不照自己的意思發展，你會大聲斥責對方的不是，讓對方屈服在你的威嚇之下。即使對方真的又回到過去處處順從你的樣子，也只是因為恐懼，而不是愛情！

D
像貝殼一樣緊閉、沉默！無言的怒火爆發

當雙方的意見相左，就快要吵起來的時候，你卻不生氣，反而選擇沉默。你是不是一直在逃避呢？雖然暫時化解了衝突，但是問題依舊存在。你的另一半也會因為你的逃避而覺得失望，對你更加幻滅！

C
完全不考慮對方的心情，只會反覆說「我都是為你好」

你認為自己是為了另一半著想，總是不厭其煩指出對方的過錯。但對方只會覺得自己沒有得到尊重，而且覺得你很煩。當對方受不了，提出分手時，你那不願放棄的個性，有可能會變成跟蹤狂！

Question

問題
13

走在山間小路上，你發現有一個小小的瀑布。看著瀑布清澈的溪水不斷往下沖，站在一旁的你，會想要做什麼？

A
靜靜看著水面

B
想舀水來喝

C
想摸一摸水

D
想要脫光，
下去游泳

Answer

戀愛使人瘋狂！演變成流血的現場！

診斷你是會否「拿刀傷人」

你已經愛到想把對方吃下肚！
拿刀傷人的可能性50%

想要舀水來喝的你，因為太愛對方了，你有著強烈的慾望，希望對方的一切都是屬於你的。即使你平常都壓抑著自己的情緒，一旦發生爭執，演變成流血場面的機會很大！

B

逝者不追，直接流放！
拿刀傷人的可能性0%

只是站在瀑布旁靜靜觀賞的你，不管和對方的感情再好，你也不會干涉對方的隱私。對於戀愛，你不會過於執著。如果和對方見面的次數越來越少，你也會順其自然，讓戀情就這麼消逝！

A

你把自己當成故事的主角！
拿刀傷人的可能性80%

會想要脫光跳進溪水中，代表你不在意他人的眼光，你只在乎自己的感受。談戀愛時，你會完全沉浸在其中，在過度激情的驅使之下，你無法控制自己。因此，如果你不想變成犯罪者的話，記得把刀子收在安全的地方。

D

絕不允許對方有隱瞞的事情！
拿刀傷人的可能性30%

想摸一摸溪水，代表你有衝動想要探究對方的內心深處到底在想什麼。你認為，了解彼此的想法，是戀愛的醍醐味。這也代表你的愛非常濃烈，有可能不小心就演變成流血衝突。如果你想像著潑水嬉戲的畫面，那就是危險的信號！

C

Question

問題
14

你和男友／女友一起參加陶藝體驗教室，你們做了一對杯子。請問，當窯燒完成時，你認為成果會是如何呢？

A
只有自己的杯子燒製成功

B
只有另一半的杯子燒製成功

C
兩人的杯子都沒有燒製成功

D
兩人的杯子都燒製成功了

Answer

你和另一半，是誰握有主導權？
診斷你「在愛情裡的主導欲」

成為對方喜歡的人！
對另一半絕對的順從

選擇B的你，基本上把另一半當成自己的天，對他絕對的順從。跟不同的人交往，你會迎合對方的喜好，改變自己的興趣或打扮。周遭的人都替你擔心，不過，你自己卻很樂在其中，就某方面來說，這也是一種幸福！

B

當我的寵物吧！
你要絕對的主導權

你要掌握絕對的主導權，就像愛情裡的國王／女王。如果另一半不順從自己的意思，你就會向對方施壓。另外，「自己可以，但對方不行」或「對方的東西都是自己的」，這種霸道的想法在你身上也不難看到！

A

對方是對方，自己是自己！
你們重視彼此的獨立性

你認為對方是對方，自己是自己，不會干涉彼此，談的是成熟的戀愛。懂得尊重彼此的自由，兩人的關係良好，但是稍不注意，有可能就變成單純的朋友關係。彼此尊重當然很重要，不過，談戀愛也需要添加一點情趣！

D

「他沒有我不行！」這種不健全的想法是愛情毀滅的開始

你和另一半是互相依賴的共依存關係。但愛情應該是自然湧現的心情，「他沒有我不行」，這種自以為是的責任感，其實只是你單方面的想法。陷入共依存關係，只會給身邊的人帶來不幸，要盡快脫離這種狀態！

C

Question

問題 15

某天，你在酒吧裡和朋友玩撲克牌。每一次卡片交換時，都必須丟出兩張卡片，再抽兩張。請想像一下，你會抽到什麼牌，並帶來什麼幫助呢？

A
愛心2與愛心A，
組成同花

B
方塊5與愛心A，
組成1對

C
方塊3與愛心A，
1對也沒有

D
方塊5與方塊Q，
組成2對

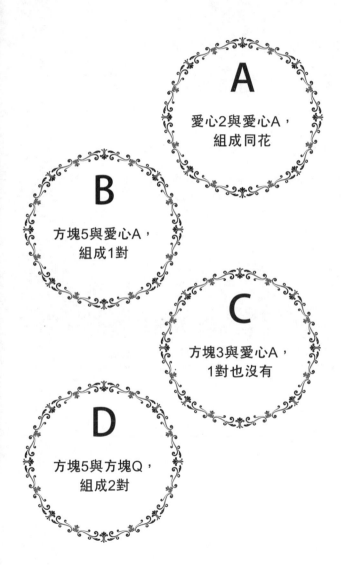

Answer

你的心靈與身體，是否已經枯萎了呢？
診斷你「心靈與身體乾枯的程度」

B
為了填補乾枯的心靈……
心靈與身體乾枯的程度60%

雖然身體很滋潤，但心靈卻很空虛。才剛認識的人，對方只要嘴巴甜一點，你就甘心奉上自己的身體，這就是你的心靈太脆弱的證據。為了填補自己空虛的心靈，你應該暫時遠離性愛。輕易就跟人上床是不行的！

A
好像少了點刺激？
心靈與身體乾枯的程度10%

你擁有一個很棒的伴侶，心靈與身體都獲得充足的滋潤。性生活也沒有什麼讓你不滿的地方，但你卻覺得這樣的生活好像少了點刺激。如果你轉而追求刺激，背叛自己的另一半，可是會有代價的，一定要想清楚！

D
需要再次檢視兩人的關係！
心靈與身體乾枯的程度30%

其實對方人不錯，相處也還算融洽，但不知道為什麼，就是覺得不滿足，你心中可能正想著：「難道沒有更好的人嗎？」此時，你應該再次確認自己的感情和兩人的關係。如果只是一再拖延，對雙方都沒有好處！

C
身心就像盛夏的沙漠一樣乾燥！
心靈與身體乾枯的程度99%

你的身體與心靈乾枯的程度，就像盛夏走在沙漠中的商隊，是那麼渴望滋潤。也許現在你心裡想的是：「不管誰都好！」但是在這種狀況下，絕對遇不到好對象的。你應該先靜下心來，養精蓄銳後，再來尋找適合自己的對象！

Chapter 4

從「口頭禪」透視人心

口癖で読み取る人間心理

「這是秘密哦！」說這句話的人想和你拉近關係

透視力關鍵字　自我揭露法

當一個人想要與其他人建立更友好、更親近的關係時，會採取什麼樣的行動呢？

希望兩人的關係更友好、更親近，也包含了想要更了解對方的心情。為了要更了解對方，就必須讓對方卸下心防，這時，我們會把自己的事情告訴對方。這在心理學上稱為「自我揭露」。唯有先讓對方看到我們已經卸下心防（自我揭露），他才有可能也卸下心防，吐露心聲。

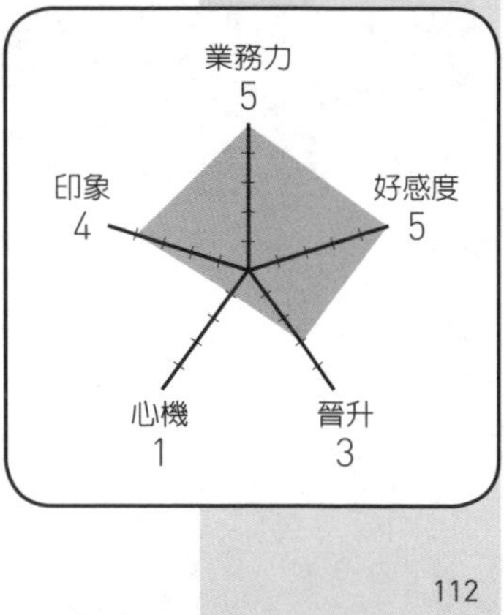

我們也可以說，如果一個人對自己吐露心聲，就代表他想要更了解你，期待你也能夠告訴他你的真心話。所以，如果對方在對話時強調：「這是秘密哦！」「這件事不可以跟別人說哦！」這就是很明顯的自我揭露，他應該是對你抱持著好感，想和你拉近關係。

只是，如果一個人說：「這是秘密哦！」但接下來說的卻不是他自己個人的事情，那又代表不同的心理。他也許是想利用自己手中特別的情報，來吸引別人的注意，藉此獲得他人的關心。那麼，我們要如何分辨兩者的不同呢？方法很容易，只要注意對方是真的只跟你說這個「秘密」，還是跟大家都這麼說。

如果對方不管對誰都說：「這是秘密哦！」那就只是想要獲得他人的注意和關心。但是，如果只有這麼對你這說的話，就表示他對你有好感。

心理POINT

自我揭露的程度，就代表希望了解對方的程度！

不斷講前女友壞話的男人，對前女友還有留戀

透視力關鍵字
合理化

一個男人被甩了以後，還不斷講前女友的壞話，實在很難看。旁人看來，會這樣痛罵自己曾經深愛過的人，一定是被傷得很深，才會對前女友如此痛恨至極。

當然，被甩的理由有很多，可能是被對方劈腿，甚至還更悲慘。但其實，一個男人會不斷講前女友的壞話，代表他對前女友還有留戀，覺得不甘心、不服輸。

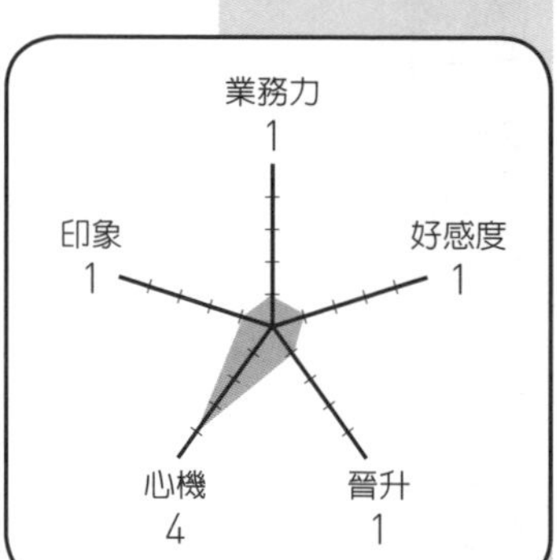

對方對自己是不屑一顧，自己卻還百般留戀，由於欲望無法獲得滿足，心理不平衡，這時，身體的防衛機制就會啟動。於是，被甩的人會找許多理由來否定前女友，並肯定自己，讓自己的心理能夠平衡。

這樣的行為在心理學上稱為「合理化」。當我們的欲望無法獲得滿足時，為了說服自己接受，就會利用責任轉嫁的方式，將事情合裡化。被女友甩了以後，為了保全自尊心，就把前女友當成壞人，讓自己扭曲的感情合理化。

因為對前女友還有留戀，才會一直講對方的壞話，但如果身為朋友的你也跟著一起罵的話，只會讓事情更加複雜。如果是聽朋友抱怨工作上的事，跟著一起罵，還可以幫助對方釋放壓力。但如果對方抱怨的對象是自己仍有留戀的女友，可能就容不下別人說她的壞話。

因此，如果有人跟你抱怨自己的前女友，記得把它當成馬耳東風，聽聽就好，千萬別插嘴！

心理POINT

有人跟你抱怨自己的前女友時，把它當成馬耳東風就沒事了！

第一句話就稱讚外表，只是想找話題

透視力關鍵字　對話的機會

我們都會說，「內在比外表更重要」，但如果有人稱讚自己的外表，應該沒有人會不高興吧。受到稱讚，代表對方對自己有好感，覺得跟自己在一起是愉快的。

只是要提醒大家，假設兩人見面後的第一句話，對方就先褒獎你的外表，也不用高興得太早。第一句話就先褒獎外表，對方可能只是要製造對話的機會。當然，對方也有可能一見到你，就想稱讚你的服裝或髮型；

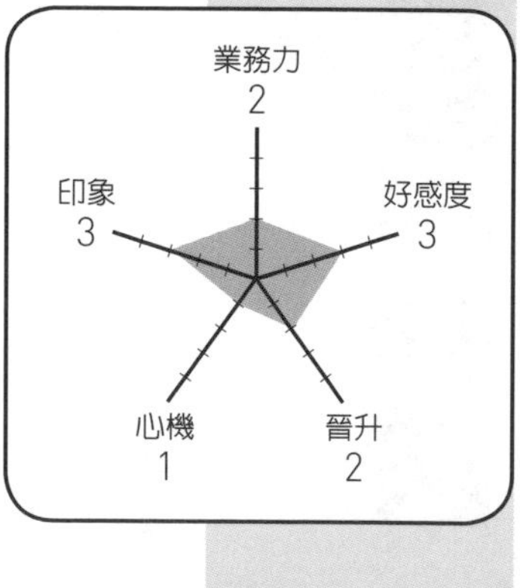

但也別忽略了對方只是想找話題的可能性。

另外，對方開口稱讚自己，也是希望對話的氣氛更好，如果是這樣的話，就不需要認真看待對方稱讚的話語，不要過度期待會比較好。要是因為對方的稱讚就高興得忘了自己，最後可能演變成一場悲劇。

心理POINT 稱讚別人，時間點很重要！

稱讚或褒獎並非壞事，尤其是女性，內心都會希望「得到別人的認同」、「想要被稱讚」，這稱為「自我認同需求」。要滿足自我認同需求，特別稱讚對方平常不被注意的地方，效果會更好。像是看到女性的髮型有些微的改變，稱讚這種細節地方，對方也會很開心，覺得：「他一定很仔細在注意我！」

稱讚的時間點很重要。不要一見面就用稱讚的話語來代替打招呼，過了一段時間後再讚美對方，會比較自然。

把「好可愛」當口頭禪的人，是想表現自己也有感性的一面

透視力關鍵字　自我表現

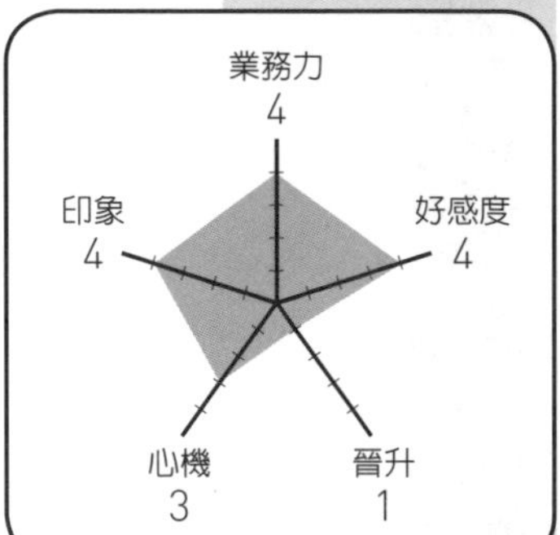

許多可愛的商品，都是針對女性顧客而設計。一般而言，女性還是喜歡可愛的東西。看到女性對著玩偶說「好可愛」，我們也會不禁露出微笑。但是，有些女生不管看到什麼都說「好可愛」，有時候也不禁疑惑：「這東西看起來一點也不可愛啊……」

男性和女性的感性不同，女性覺得可愛的東西，男性無法理解也算正常。但是，有些時候女性口中說「好可愛」，其實她心裡也不

一定真的這麼想。

那麼，為什麼明明不覺得可愛，還硬要說好可愛呢？女性會這麼說，其實還隱含著別的目的，她想表現自己感性的一面。面對一般人不覺得可愛的事物，說出「好可愛」，是為了凸顯自己的感性，表示：「我覺得很可愛」、「我是很感性的」。

一般來說，女性比男性要來得感情豐富。所以，對男性來說，具備自己所沒有的感性，這樣的女性是很有魅力的。因此，女性強調自己感性的一面，會讓男性覺得很有魅力。

雖說女性的目的是為了展現自己的魅力，但是，看到女性不停的說好可愛，就以為她是在向自己展現魅力，對自己有意思，那誤會可就大了。這類型的女性只是有強烈的欲望，想要展現自己的魅力，如果因此表錯情、會錯意，可能會傷了自己的心。

心理 POINT

只是想展現自己的魅力，跟喜不喜歡對方沒有關係！

戴高級手錶來表現自己的人，缺乏自信

透視力關鍵字 身體意象

習慣戴耳環、戒指等飾品，或是戴手錶的人，感覺都是比較時髦的人。其實，手錶對於一個社會人士來說，也是代表身分地位的單品。手上戴的手錶越高級，自己的身分地位也就越高，相信有很多男性內心都是這麼想的。

戴著昂貴又帥氣的手錶，自己的身分似乎也不一樣了，這樣的想法其實不難理解。只是，如果一直在炫耀自己的高級手錶，這

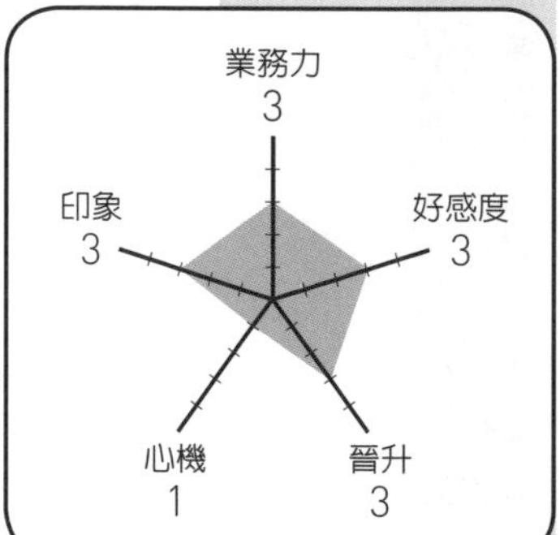

已經不是在炫耀「戴高級手錶的自己」，只是在炫耀手錶而已。這樣的人對自己是很沒自信的，覺得自己的存在不值得炫耀，只能假借炫耀高級手錶，來展現自己。

同理，戴耳環或戒指等飾品的心理也是一樣。特別是喜歡戴大型耳環或戒指的人，更有這樣的傾向。因為對自己沒有自信，才需要依賴大型耳環或戒指。

為什麼沒有自信的人會想要配戴飾品或手錶呢？這是為了強化「身體意象」（Body Image），也就是一個人對自己身體的看法。身體意象越明確，人就會越有自信。所以，人們才會想藉由配戴飾品，讓自己的身體意象更清楚，增強自信心。

心理 POINT

想讓自己更有魅力的人，其實是很沒自信的！

喜歡豐腴女性的男人
支配欲強烈

透視力關鍵字：性本能

許多男性都會說：「女生還是要肉肉的比較可愛！」我不敢說這麼說的男性全都在說謊，但他們可能自己也沒發現，男性的性本能還是比較喜歡模特兒體型的女性，而非豐腴的女性。

以生物本能來說，男性都會希望在最好的狀態下，將自己的基因保留下來。雖然嘴巴上說「女生肉肉的比較可愛」，但男性的本能還是喜歡身材凹凸有致的女性。

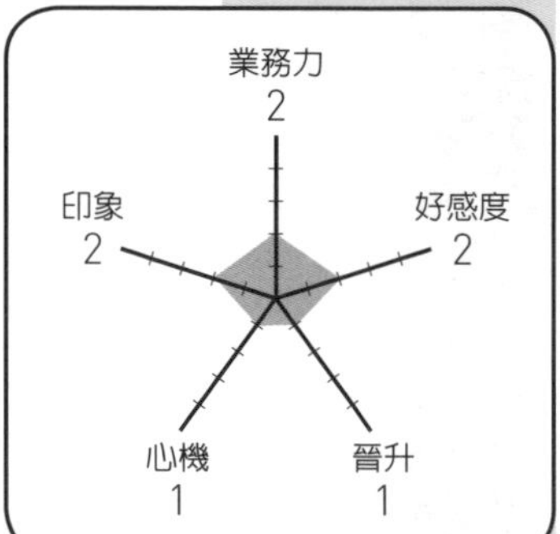

心理 POINT

身材豐腴的女性給人單純又順從的印象！

只是，擁有模特兒體型的女性也不是隨處可見。畢竟這樣的女性就像開在高山上的花朵，即便本能上再渴望，也不是想要就能得到。就算感受到對方的魅力，如果只能遠觀，還是得放棄。

於是，有些男性就會撇開自己的本能，轉而追求豐腴的女性。身材豐腴的女性，給人單純、順從的印象。會想與豐腴的女性交往，這樣的男性心裡也是希望自己可以在兩人的關係中占上風。只不過，身材豐腴的女性比較單純、順從，這也只是一種偏見罷了。通常，支配欲越強的男性，越容易有這樣的想法。

也許從男性的本能來看，「女生肉肉的比較可愛」是在說謊，但追求豐腴女性的男性確實也大有人在。

很容易就喜歡上別人的女性，其實很沒自信

透視力關鍵字　多戀女

魅惑許多男人，很容易陷入愛情的女性，被稱為「多戀女」。一般人會認為這樣的女性很擅長展現自己的魅力，自尊心高，但事實並非如此。

很容易陷入愛情的女性，其實她們的自尊心低，而且對自己沒自信。因為對自己的評價低，才很容易對認同自己的異性產生好感。如果有人跟她們告白，她們會馬上喜歡上對方。也因為沒自信，一個人獨處會讓她

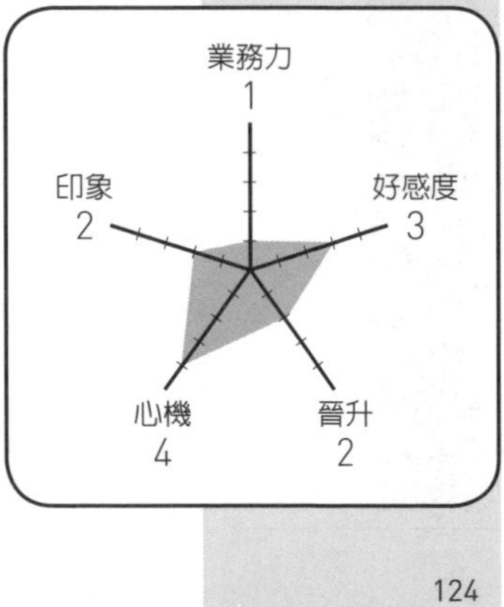

們覺得很不安，想要跟別人在一起的想法很強烈。

那麼，真正自尊心高的女性是什麼樣子呢？應該是外表亮麗，而且工作能力也沒話說的女性。像這樣的好女人自然對自己的評價很高，因此，如果沒有找到可以與自己匹配的男性，她們不會勉強跟對方交往。因為只想跟好對象交往，所以戀愛的機會不多，從結果來看，其實是很諷刺的。

心理POINT

認同一個沒有自信的女性，可以提高交往的機率！

「多戀女」 的性格

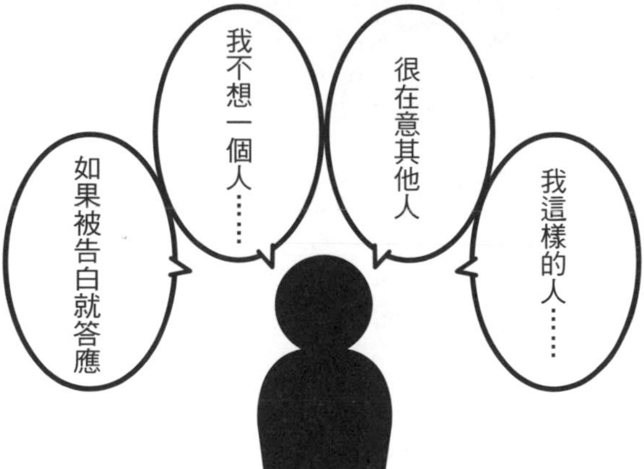

「多戀女」自我評價低，所以如果被告白，很容易就喜歡上對方！

懷疑對方劈腿的人，其實是自己想出軌

透視力關鍵字

出軌的欲望

女生說：「我要和朋友去吃飯。」

男生說：「跟誰去？」

像這樣確認女友跟誰去吃飯，除了表現出不希望女友跟其他男性出去，不希望對方劈腿的心情，其實還透露出自己想要出軌的欲望。

只是跟普通的男性友人去吃飯，為什麼男友會如此不安呢？那是因為，男友把這

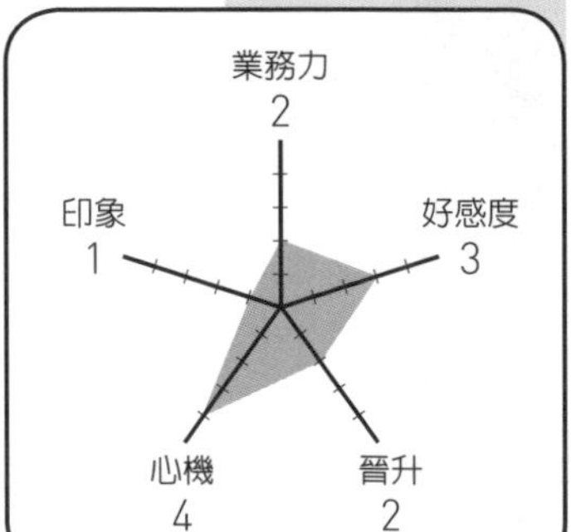

個男性友人假想成自己。如果是自己的話，「兩人吃完飯後，接下來當然就會……」想到這裡，就會開始擔心。換句話說，如果今天是他跟女性友人出去的話，就不會只是單純的吃飯，所以他才會這麼擔心女友出軌，並且開始懷疑女友的行蹤。一直追問「跟誰去」的人，不但對自己沒有自信，而且出軌的欲望很強烈。

類似這樣因為自己的想像，而懷疑對方劈腿，還有別種情況。例如當初兩人開始交往，也是因為自己橫刀奪愛而來的。雖然現在自己是男友的身分，但還是忍不住會想像，外面可能有另一個男人想用同樣的方式搶走自己的女友，因而坐立難安。

嫉妒心強的人，其實心裡很想出軌，看似矛盾，但這卻是事實。那麼，如果不嫉妒的話，是不是就不會出軌了呢？這也不一定。如果完全不嫉妒，不再關心彼此，這種情況下，可能會為了尋求刺激而出軌。所以，適度的嫉妒，也是防止另一半劈腿的良方。

心理 POINT

完全不嫉妒，也有可能出軌！

經常哭訴自己不幸的女人，只是想受到注目

透視力關鍵字

誇耀不幸

旁人看來，其實也沒那麼悲慘，不過，有些人會很誇張的訴說自己的不幸，「我好可憐！」像這樣喜歡誇耀自己不幸的人，其實也不是期待別人的救贖，他們只想要受到注目，想要表現自己，「即使這麼不幸，我還是很努力，很了不起吧！」

不過，會有人想跟這種經常哭訴自己不幸的人談戀愛，或是交朋友嗎？我們在找對象的時候，應該都不會特地找這種人當男朋

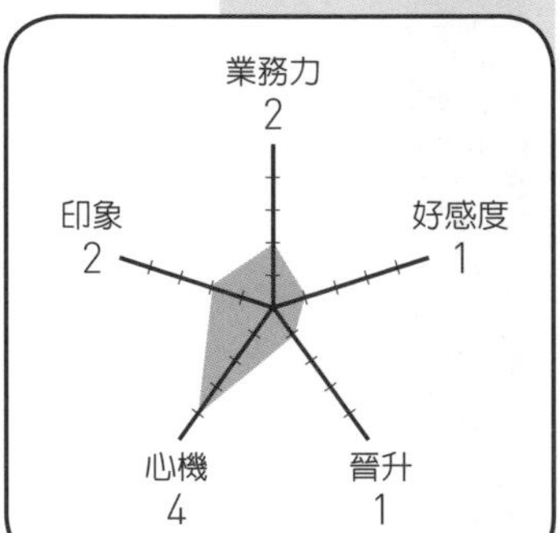

友或女朋友，給自己找麻煩。

這類型人大多是受到電視劇或小說的影響，把自己當成悲劇主角，沉醉在自己的世界中罷了。他們等待的白馬王子與白雪公主，只有在電視劇裡才會出現，現實生活中才沒有這麼剛好的事。強調自己的不幸，並不會如他們所期待的，讓自己變得受歡迎。

會一直強調自己不幸的人，是不是真的那麼悲慘呢？其實，真正的痛楚，我們只會對親密的人訴說。能夠輕易說出口的，可能自己也不認為是什麼悲慘的事，即使是，那也已經經過時間的洗禮，自己在心中做過了一番整理。

總歸一句，如果想獲得幸福，首先要做的，就是改掉喜歡強調自己不幸的壞習慣。

心理POINT

真正不幸的遭遇，是不會輕易說出口的！

Test

了解自己的心理測驗④

本当の自分がわかる心理テスト

問題
16

某天，你到朋友家去玩，在朋友的房間裡看到一張異性在衝浪的照片。請問，這張照片中的海浪是什麼樣子呢？

Question

A

像暴風雨來襲時的超級大浪

B

平靜無波

C

有個大浪正在逼近

D

形狀很奇特的波浪

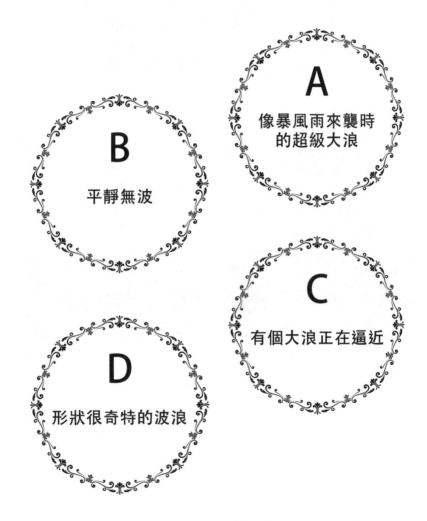

Answer

大海是性的象徵！來看看你有多激情？

診斷你「偏好的性愛方式」

B

緩慢性愛萬歲！
你著重兩人愛撫的時間

比起激烈的性愛，你喜歡慢慢來。只要好好愛撫，有沒有插入，或是有沒有高潮都無所謂。確實，好好愛撫是很重要，但是，滿足另一半也很重要。對方有可能會為了追求激情而離你遠去，還是要傾聽另一半的心聲！

A

性愛合不合差很大！
你喜歡略過前戲，直接插入

你像歐美人一樣，喜歡激烈的性愛。你討厭前戲的磨磨蹭蹭，認為插入的時間越長越好。如果你的另一半和你有相同的癖好，那就沒問題。但如果你的另一半不是這樣的人，就一定會產生摩擦！

D

另一半可能會被你嚇跑！
你喜歡在性愛上嘗試新招

好奇心旺盛的你，所以即使與對方是第一次，你也會想嘗試新招。普通的招式已經不能滿足你了，但是，有必要在一開始就拿出驚人的道具來嗎？也許你覺得有趣，但是，好不容易遇到喜歡的人，也會被你嚇跑！

C

就像海浪每天都不同！
性愛也要有變化

時而平靜，時而激情，善變的你，喜歡每天都有不同的花樣。如果對方也不排斥的話，你會大膽嘗試各種變態遊戲。就算隨著年紀增長，你也不會改變自己的風格，對另一半來說，可以說是求之不得的性伴侶！

Question

問題 17

某天，你和男友／女友到遊樂園約會。你們很開心的要去搭摩天輪，這時剛好都沒有人排隊，可以慢慢選擇座艙。請問，你會選擇哪個顏色的座艙呢？

A 白色

B 藍色

C 紅色

D 紫色

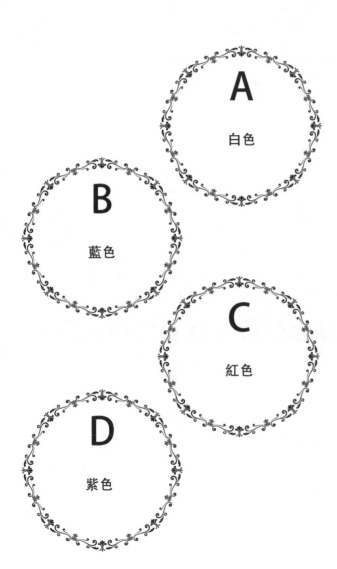

Answer

搖晃的座艙顏色，代表你對性愛的想法
診斷你「對性愛有多熱中」

B
你是討厭性愛的女生！
對性愛的熱中程度10%

選擇冷色系的你，本來就不是那麼喜歡做愛，對於男女交往這件事也不太熱中，抱持著「一個人也很好」的想法。但是，有時候討厭男生過了頭，會變成討厭所有的人。所以，即使是淡淡的交往也無所謂，趕快找一個人吧！

A
對自己喜歡的對象渴望不已！
對性愛的熱中程度70%

選擇象徵純潔的白色，代表你只想跟自己心愛的人做愛。只是，因為你表現得特別渴望，對性愛太過積極，有時候會讓對方招架不住。如果要求太多，對方有可能會被你嚇到，還是稍微克制一下自己吧！

D
其實你心裡想追求刺激！
對性愛的熱中程度50%

對你來說，性愛只是確認彼此感情的一種行為。你不會主動要求，只想要平淡的、普通的性生活就好。但是，隱藏在你內心深處的性欲其實很強烈，你會想與陌生人發生一夜情，追求變態、刺激的性愛！

C
燃燒吧！火鳥！
對性愛的熱中程度120%

選擇熱情的紅色，對你而言，沒有性愛就活不下去，可見你對性愛的熱中程度。說老實話，沒有人能夠負荷你需求。如果不克制自己，為了滿足欲望，你很可能會劈腿，這麼一來，是不會有幸福的結果的！

Question

問題 18

你來到一家雜誌報導過的人氣歐風餐廳，菜單上，有四種價格相同的的推薦套餐。請問，你會點哪一種套餐呢？

A
可以享受四種炸物的綜合套餐

B
最有人氣的，有媽媽味道的可樂餅套餐

C
內容物保密的驚喜炸物套餐

D
延續傳統做法的炸雞套餐

Answer

你最想跟這種人上床！

診斷什麼樣的人讓你覺得有「性魅力」

B

**我的心裡就只有你！
打從心裡喜歡的人**

對你而言，性欲和愛情是需要平衡的。你只想與心愛的人做愛做的事，絕不劈腿，是最適合的結婚對象。只不過，你的另一半不見得跟你有同樣想法，如果遇到不對的人，婚後的生活會很辛苦！

A

**老婆還是新的好……
有新鮮感才好！**

你對異性也有偏好的容貌或性格，但是比起這些，你更在意的是新鮮感。即使另一半再怎麼好，只要有新的對象出現，你馬上就被吸引過去。不過，對於性愛你很灑脫，不會拖泥帶水，所以也很少引發什麼問題！

D

**太過優柔寡斷……
你只會聽從大家的意見**

你沒辦法選擇自己想要的東西，比起自己的想法，你會聽從大家的意見。所以，你的交往對象是不是長得有點像哪個藝人呢？只是，一味聽從別人的意見，有一天你會突然發現，怎麼事情跟自己想的不一樣！

C

**你就是所謂的「千人斬」！
任何人都來者不拒！**

只要是異性，誰都可以。你的守備範圍很廣，即使從旁人的角度來看，「怎麼那種人你也可以……」，你也都能接受。其實，你做愛只是為了累積次數，把做愛當運動。然而，不可思議的是，討厭你的人竟然不多！

Question

問題 19

有天，你夢見海上有一個人在一艘船上。請問，那會是什麼樣的場景呢？

A
很安靜的海面，
人也靜靜的在船上

B
船隨著海浪輕輕擺動，人看起來很樂在其中

C
浪打得很高，人正在和海浪搏鬥

D
在暴風雨中，人與船都被大浪打翻了

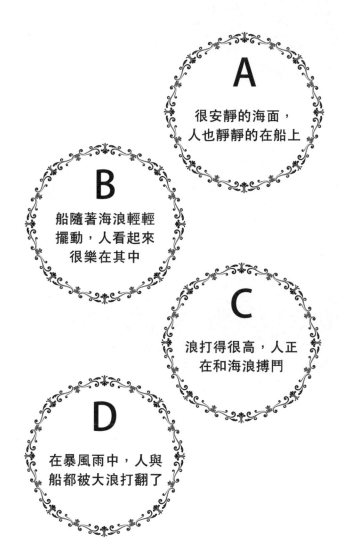

Answer

平常的你就是這樣!

診斷你與另一半的「性愛模式」

B

要防止一成不變！
你是緩慢性愛的推崇者

隨著海浪輕輕搖擺，就像緩慢性愛，你非常溫柔，想滿足對方，但也怕傷害到對方。只是，要防止一成不變，偶爾來點變化也是不錯的。嘗試一下，或許你會發現，你的另一半並不排斥！

A

偶爾加點刺激吧！
你在性愛方面十分淡泊

平靜的大海，代表你那閒靜與優雅的個性，不但個性是如此，在性愛方面，你也是非常的平淡而無趣。然而，令人不安的是，你的另一半也許並不滿足。偶爾在性愛上加點刺激，滿足一下對方吧！

D

當開關被啟動，誰都擋不住！
讓人承受不住的暴風雨

選擇暴風雨中的海，代表你是傾全心力在性愛的過程。你會為了達到高潮而不擇手段，如果對方也可以接受，你們在性愛上一定很契合。但是，如果對方只是在隱忍你，總有一天關係會因此而破裂，要多注意！

C

學到新技巧就要試試！
熱中研究的熱情派

選擇大浪的你，喜歡激烈的性愛。另外，你也會熱中於研究各種性愛技巧，而且會想要試試自己的學習成果。但是，另一半也許會覺得吃力。不要只站在自己的立場思考，也要關心對方的感受！

Question

問題 20

學生時代第一次自己一個人出國旅行。登機後，飛機開始滑行，即將起飛，這時，你心裡是什麼樣的感覺呢？

A 滿心期待

B 看著窗外，充滿好奇

C 覺得不安，心跳加快

D 很害怕，眼睛都閉起來了

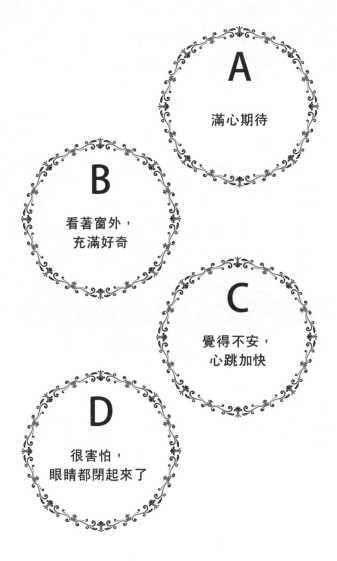

Answer

第一次海外旅行，就像你的處女飛行
診斷你「初體驗的感想」

B
好奇心會跟著你一輩子！
心跳加速會變成習慣

對初體驗非常好奇的你，在年輕的時候會好好利用自己的身體來享受性愛。即使年紀漸長，你的好奇心依舊沒有減少。這輩子，你都可以很充實的享受性生活，所以，你的另一半也會很幸福！

A
你非常期待初體驗！
全心全意的享受性愛

你非常期待自己的初體驗，無論是在精神層面或生理層面，你對於性愛抱持著健全的想法。因為你可以非常大方的享受性愛，所以，不管你現在有沒有另一半，你的性生活還是可以很有意義！

D
到底有什麼樂趣……
除了恐怖以外什麼都感受不到

你對初體驗只覺得恐怖，這是一件很不幸的事。因為對性愛留下了陰影，你應該也不喜歡性愛。如果你很幸運的遇到一個溫柔的人，也許就可以透過愛情，解決你在性愛方面的問題！

C
內心非常的不安……
對性愛漸漸變得被動

對於初體驗，你內心非常的不安。也因為過於不安，對性愛的期待與喜悅都被遮蔽了。因為這樣的心理因素，你對性愛漸漸變得被動。如果你遇到一個願意幫你打開心房的人，或許情況會有所轉變！

Chapter 5

從「行為」透視人心

行為で読み取る人間心理

因為男性天生的支配欲，對穿制服的女性特別有感覺

透視力關鍵字　支配欲

很多男性都喜歡女生穿制服的模樣，而且，很多男性也會對護士、空姐、女僕的制服特別有感覺。但是，這到底是為什麼呢？

這些職業的共通點是，都是「為大家服務」的工作。穿著制服工作的女性，給人溫柔、順從的印象，刺激著男性本能中潛藏的支配欲，所以才會感到特別的有魅力。就算穿著制服的女性本身並不是這樣的性格，光是看到她穿著象徵順從的制服，男性的本能

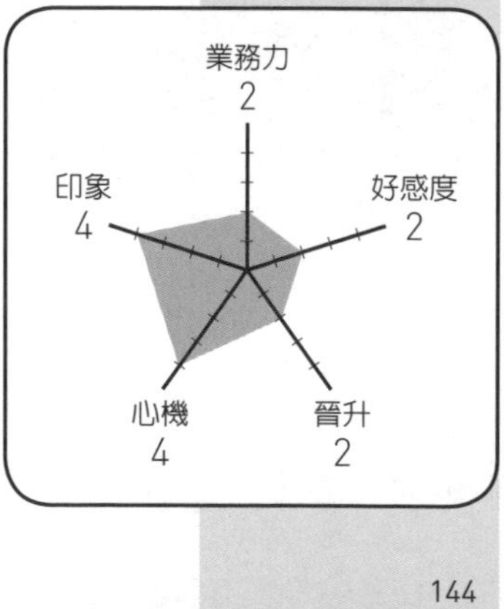

就會令他們覺得興奮和開心。

另外，制服還代表著「年輕」。學生制服、新進員工的制服、店家的制服等等，穿著制服的大多是年輕女性。「想留下很多子孫」，這也是男性的本能，所以男性會在下意識中追求年輕女性。總而言之，穿著制服的女性，同時刺激著男性的支配欲與性本能。

不過，男性穿制服，讓女性動心的場面也不少。會讓女性心動的制服，像是醫師的白袍、西裝。對女性來說，從男性的制服中，可以感受到權威、地位、財力等等。女性也會從男性的制服來判斷「這個人有沒有能力讓我留下子孫」。因此，藍領階級的制服無關權威與財力，女性就比較不會心動。

不過，對男性來說，女性不管穿何種制服都很迷人，這就是兩性的差異。

心理 POINT

順從與年輕的形象，刺激著男性的本能！

擁擠的電車令人焦躁，是因為個人空間被侵占

透視力關鍵字　個人空間、睪固酮

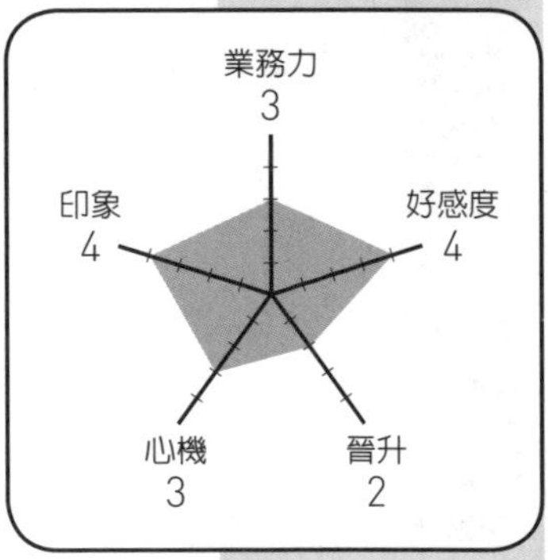

坐在不認識的人旁邊，或是在通勤時間站著與人互相推擠，電車就像是個「異世界」，日常生活中想像不到的情況，在電車裡都有可能發生。在擁擠的電車裡，我們的情緒會越來越焦躁，平常覺得微不足道的小事情，在電車裡都有可能會導致衝突。

這是因為當我們的個人空間長時間被侵占時，大腦會分泌腦內荷爾蒙，也就是「腎上腺素」。

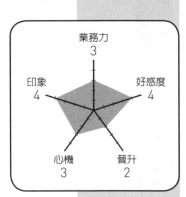

腎上腺素是掌管交感神經興奮的荷爾蒙，學者稱之為「戰鬥或逃走的荷爾蒙」。人體分泌腎上腺素時，接下來就會出現兩種可能的狀態——「備戰狀態」或「逃離狀態」。然而，在行進中的電車上，我們無法選擇逃離，雖然都知道在電車上與人發生衝突是不被允許的，但是從腦科學的角度來看，這是很自然的現象。

另外，男性除了會分泌腎上腺素，還會分泌「睪固酮」（testosterone）。睪固酮也是會提高攻擊性的荷爾蒙。男性比女性更容易與他人發生衝突，也是因為受到睪固酮的影響所致。

所以，個性急躁的人，在擁擠的電車上快要發脾氣時，即使覺得麻煩，也請先下車，確保自己的個人空間，情緒也可以平靜下來。

另外，我們也要了解，受到睪固酮的影響，男性其實比女性更容易情緒失控。

心理POINT

確保自己的個人空間，心情就可以平復！

喜歡用表情符號的人，以自我為中心

透視力關鍵字　簡訊依賴症

有些人喜歡在簡訊中加入很多的表情符號，這樣的人比較以自我為中心。適度的使用表情符號，可以讓人會心一笑；但是，使用過度的話，會讓文章變得難以閱讀，也就失去了用文字溝通的意義。

沒有意識到這點，大量使用表情符號的人，代表他沒有考慮到對方的心情。他們在寫簡訊時，只想著自己。

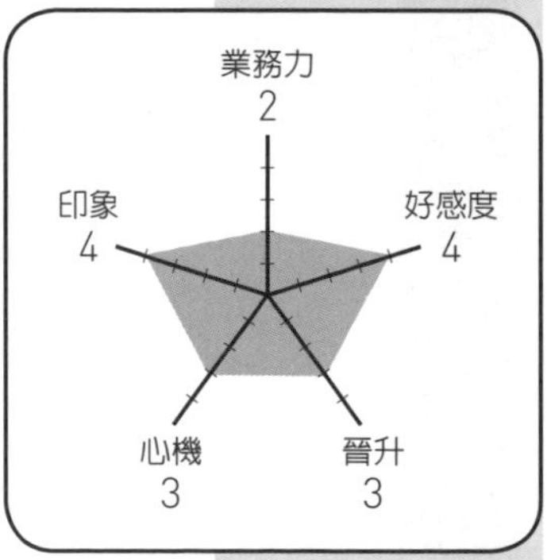

簡訊在我們的生活中已經變得不可或缺，最近也開始出現「簡訊依賴症」一詞。不管在何種狀況下，收到簡訊就要立刻回覆；此外，自己發出簡訊後，如果對方遲遲沒有回信，會感到極度的不安、急躁，這都是「簡訊依賴症」的症狀。

這個症狀起因於內心的孤獨感或嫉妒心，透過簡訊的往來，會讓人覺得「自己是被需要的」、「我不是孤獨的」，而得到滿足。

心理 POINT

從簡訊的內容與發送頻率，可以知道一個人的性格與心理狀態！

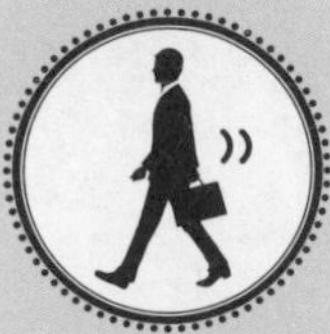

在電車上化妝的女性，不把周圍的人當人看

透視力關鍵字　個人空間

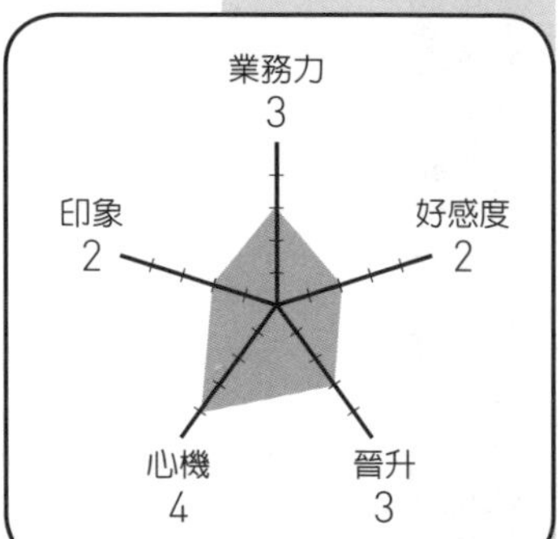

我們偶爾會看到女性在電車上化妝。

一般會認為這樣的行為不太有禮貌，除了化妝品的味道和化妝的動作會影響到旁邊的人，畫眼線或口紅時的表情，也讓人不敢恭維。曾經有人這麼說，「化妝就跟換衣服一樣」，也就是說，化妝這個舉動其實不應該出現大家面前。

儘管如此，在電車上化妝的女性卻還是持續增加。理由不外乎早上太忙，沒時間

化好妝再出門，但是又不可能素顏進公司。其中，也有一些女性沒化妝就不敢去便利商店。

既然被別人看到自己素顏會覺得很丟臉，為什麼卻可以在很多人的電車上化妝呢？這究竟是什麼樣的心理？

那是因為，在擁擠的車廂裡，個人空間也不存在了。因此，我們會自行忽略身邊的人，這是在擁擠的車廂裡，為了保護自己精神狀態而產生的心理作用。就像處在一個只有自己的密閉空間，因此，這些女性才能夠如此不在乎周遭的目光，埋首化妝。

這些在電車上化妝的女性，本來應該在家中或化妝室裡化妝的。而且我相信，除了電車以外，她們應該不會在其他人多的地方，像這樣把自己所有的化妝工具都拿出來。由此可知，電車這個空間，對人的心理會產生多麼特殊的影響。

心理 POINT

在電車上化妝的女性，心理狀態宛如處於只有自己的密閉空間！

喜歡接吻的人，想依賴對方

透視力關鍵字　口唇愛性格

剛開始交往的對象，對方頻繁的索吻，應該沒有人會討厭才對，說不定還會認為對方一定是很喜歡自己，而更加疼愛對方。不過，日子一久，可以冷靜下來好好觀察對方的性格與平常的言行舉止之後，有些人就會覺得厭煩了。其實，仔細觀察這類型的人，他們是屬於口唇愛性格。

所謂的「口唇愛」，指的是人類在發育的過程中，有不同階段的性需求，最早期的

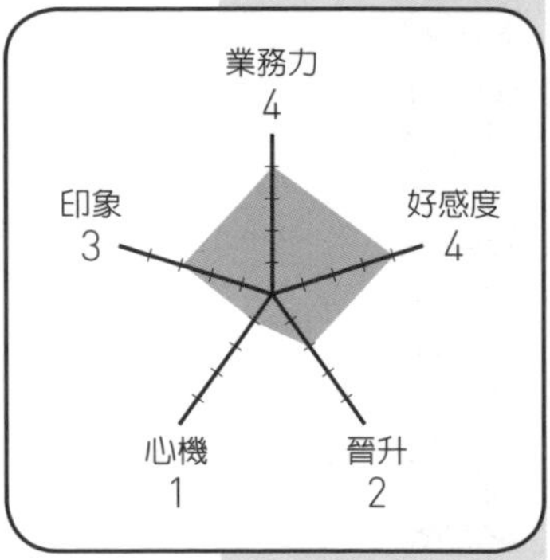

需求，也就是出生後十八個月左右，發生在口唇周邊的快感需求。嬰兒在肚子餓時會產生食欲，含著母親的乳頭就能得到快感，母親也可以順利的哺乳。

只是，如果嬰兒期的口唇愛沒有被滿足，長大之後，就會繼續尋求口唇周邊的刺激，形成口唇愛性格。到了幼兒期，無法戒掉吸吮手指的習慣就是典型的例子；長大成人之後，也會喜歡抽菸、喝酒、嚼口香糖。喜歡接吻也是其中一例，尤其是沒有特定的對象，酒過三巡後就變成「親人魔」，會到處親人的人，很明顯的就是口唇愛性格。

追根究柢來說，這類型的人渴望愛情，所以他們會用比較強烈的方式向他人索愛。這些小動作都是為了讓對方能夠喜歡上自己，在愛情上屬於被動、有強烈依賴感的人。

如果你的另一半是這樣的人，與其要求對方的自主性，倒不如將主導權握在自己的手上，表現得強勢一點。讓對方感受到你的關心，他會更加開心。只不過，如果誤判了對方的要求，可能會讓兩人的關係變調，要多注意。

心理 POINT

對於「親人魔」，要化被動為主動！

如果兩人走路的步調不同，那只是單戀

透視力關鍵字

戀愛體質

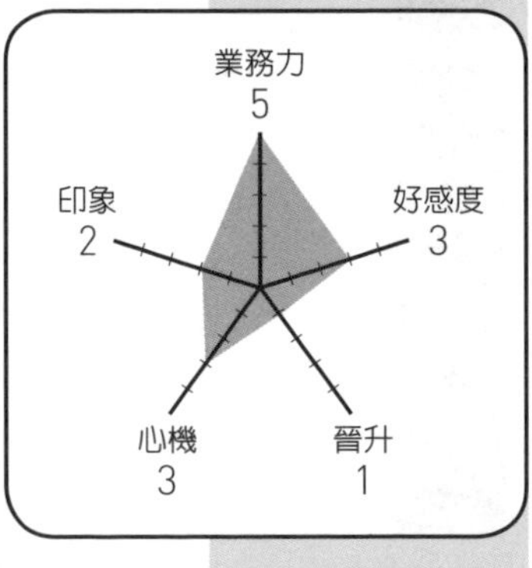

難得的約會，卻看到兩人走路的步調不一致，女性得加緊腳步跟在男性後面，這就代表兩人的感情還沒有取得平衡，很可能只是一方在單戀。

過往的年代，女性不能跟男性並肩走在一起，只能跟在男性後面約三步的距離。那是男尊女卑的時代，彼此的感情是否相通並不是那麼重要。只是，現在時代變了，如果兩人走路的步調還是不一致，就代表男性不

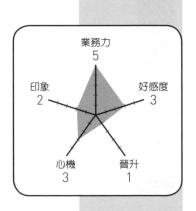

願意體貼女性的體型或穿著，放慢腳步。他可能根本就沒有把心思放在對方身上，看到這樣的景象，也只能替那個女性感到可惜了。

有一種可能是，這個女性其實是「多戀女」，有著強烈的戀愛體質，如果身邊沒有伴侶，就會覺得不安，這已經是「戀愛依存症」。因此，還沒有確認對方的心意，就擅自認定兩人已經在交往，接著開始安排一連串表面上的約會。只是，對男性來說，這樣的女性只是可以輕易上床的對象罷了。不過，當男性也漸漸喜歡上對方，慢慢的兩人的步調就會趨於一致。但是如果情況遲遲沒有改善，這樣的情侶是不會長久的。

如果兩人還不是情侶關係，男生就願意配合女生的腳步，和這樣的人交往，彼此會互相尊重，關係也會比較長久。

心理 POINT

故意走慢一點，確認男伴的心意！

女性想和你坐在吧台，表示有機會更進一步

透視力關鍵字
心理距離

還沒有成為男女朋友的兩個人，一起去吃飯或喝酒，在餐廳裡或酒吧裡，如果可以自由選擇座位，女性選擇坐在男性對面的位子，其實就已經在暗示「我們當好朋友就好」，這樣的話，鼓起勇氣撤退才是明智之舉。但是，如果女性選擇坐在吧台，兩人並肩而坐，就表示女性希望彼此的關係更進一步，你要好好把握機會。

隔著桌子坐在對面，就是利用桌子創造

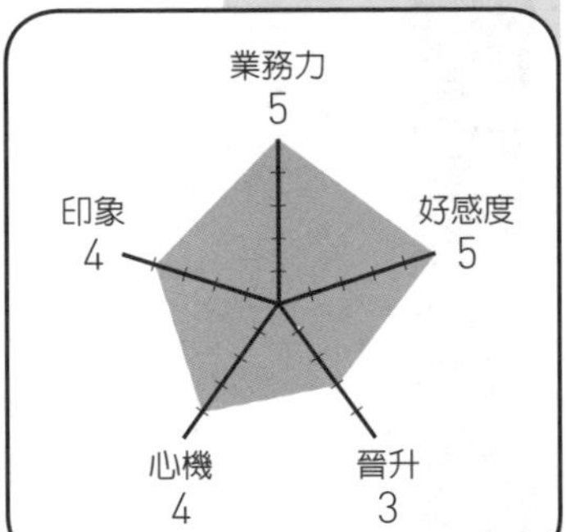

物理性的距離，並且形成兩人之間心理上的距離，也就表示不會發展出更親密的關係。而且，坐在正對面，兩人的視線很容易對上，也會在無意識中產生對立的心理。女性本能上知道這一點，所以對於應該防備的對象，她們會選擇坐在對面，並且在不知不覺中築起一道屏障，把對方阻絕在外。

另一方面，選擇坐在吧台，兩人並肩而坐，兩人的距離其實就已經像戀人一樣靠近了。而且聊天的時候，可以很自然的有肢體上的接觸，就容易對彼此產生好感，進而發展出戀情。女性其實也很清楚這一點，所以，如果女性選擇並肩坐在一起，表示兩人是有機會的。

如果男性想主動出擊，也可以利用這個法則。和心儀的對象去吃飯、喝酒時，不妨主動邀對方坐上吧台的位子。

心理POINT

自然、隨性的肢體接觸，可以突破心防！

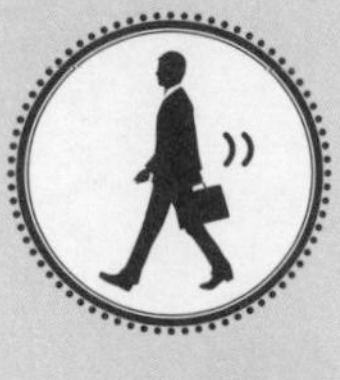

女性在你面前整理服裝，代表你沒機會了

透視力關鍵字　性的羞恥心

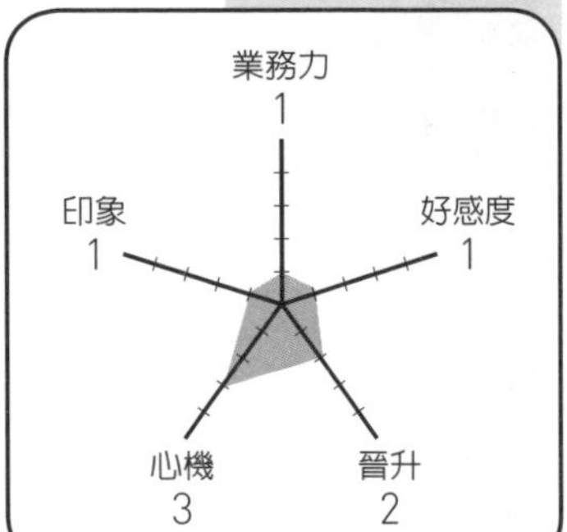

近年來很流行可以外露的內衣、內褲，若無其事的露出內在美的年輕女性也越來越多。不過，這樣的打扮只限於平常休閒的時候，如果在工作中，衣服亂了，露出內衣肩帶，會給人身為社會人士卻無法做好自我管理的印象。如果在約會時，不小心在自己心儀的人面前露出肩帶，也會覺得不好意思，產生「性的羞恥心」。

大多數的男性看到也會很不好意思，眼睛都不知道要看哪裡。好意提醒對方：「你的肩帶

露出來了。」也會讓彼此很尷尬。

當女性自己察覺內衣肩帶露出來時，我們可以從她的反應，看出她對面前的男性有什麼感覺。如果一邊露出不好意思的表情，一邊整理服裝，也就是產生「性的羞恥心」，表示她是在乎對方的。如果只是若無其事的調整肩帶，完全沒有不好意思的樣子，我們就可以斷定，她沒有把在場的男性當成異性，或是工作上的重要人物。她不在乎眼前的男性是怎麼看自己的，所以才能夠很自然的整理服裝，而不當一回事。

如果各位心儀的女性有這樣的行為，我建議還是放棄吧，她對你根本沒有意思。

心理 POINT

在自己沒有興趣的異性面前，是不會有羞恥心的！

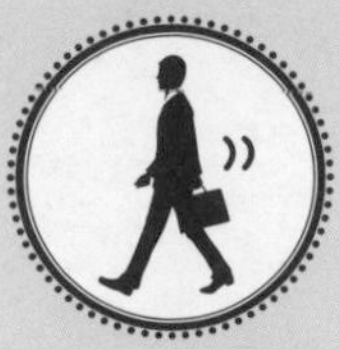

不斷切換電視頻道的人，內心很空虛

透視力關鍵字
欲求不滿

有些人沒事會打開電視，也沒有特別想看的電視節目，就這麼不斷的切換頻道。停下來看的節目，很快又覺得無趣，於是又開始切換頻道，繼續尋找其他節目。

事實上，會這樣一直切換頻道，是欲求不滿的人最典型的行為之一。欲求不滿會讓人心情浮躁，亂發脾氣，感覺變得越來越遲鈍。特別是「高興」或「快樂」這種正面的情感，會越來越感覺不到，眼前的一切，都

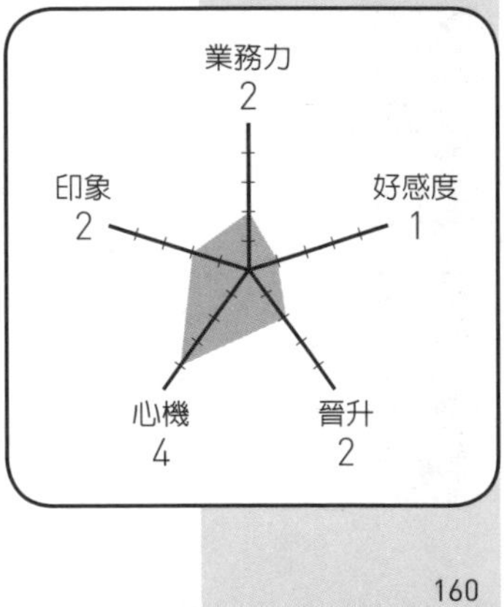

讓人覺得索然無味。在這樣的狀態下，不管看到什麼電視節都不會覺得有趣，所以才會不斷的切換頻道，想看看還有沒有更有趣的節目。

只是，如果一直找不到想看的節目，欲求不滿的感覺會更加強烈，形成惡性循環。一個人看電視也就算了，如果是跟家人或男友／女友一起看的話，就真的會給大家帶來困擾。但是本人並不會有自覺，因為欲求不滿的情緒已經讓他的情感和思考都麻痺了。

如果你就是這種會一直切換頻道，還想要霸占電視遙控器的人，建議你，關掉電視吧。反正對你來說，這些節目都很無聊，也沒有什麼好捨不得的。深呼吸，讓你的腦袋也切換一下情緒，可以的話，出去散散步也不錯。

如果心裡有所期待，卻無法滿足，只會徒增壓力。所以，讓自己的腦袋放空，出去散散步，反而能夠放鬆心情。

心理 POINT

關掉電視，出去散散步吧！

邊講電話，邊做其他事情的人，內心很焦躁

透視力關鍵字
抑制

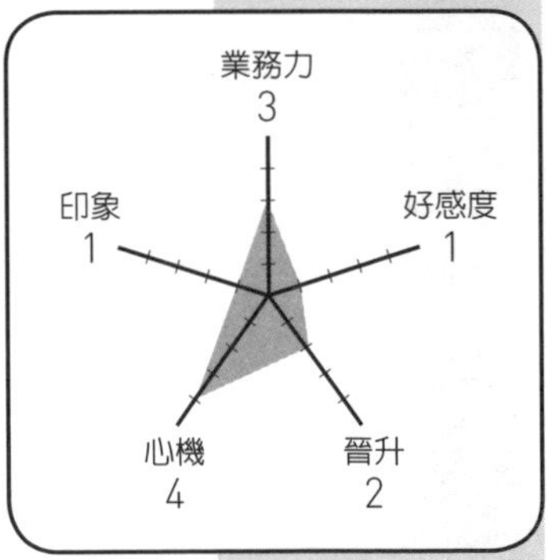

有些女性在和朋友講長舌電話的時候，手指頭會一邊捲著電話線，不曉得各位有沒有看過這樣的景象呢？不過，無線電話越來越普及，這樣的景象也漸漸看不到了。取而代之的是，有些人在講電話的時候，手會一邊在備忘紙上隨意寫一些東西。有些人就算與人面對面說話，手還是會一邊活動，寫一些東西。

再舉一個例子，學生上課的時候，有些

人手會一邊轉筆。要學會轉筆，其實是需要花時間練習的，但是學會了之後，就常常會不自覺的轉筆。

會出現這些行為，都是因為內心感到焦躁。與人說話的時候，或是在開會、上課時，不自覺的累積壓力，想逃避當下的壓力，卻又必須控制自己的情緒和言行舉止，就會出現這些小動作，藉此來抑制自己。其他像是等電話轉接等了很久，或是在餐廳裡，店員的應對讓人不耐煩的時候，我們會無意識的用手指敲桌子或櫃台，發出「叩叩叩」的聲響，都是一樣的狀況。

只是，開會或上課，會感受到壓力還可以理解。和朋友講電話，照理說應該是很開心的事，為什麼會有壓力而必須抑制自己呢？我們只能說「女人心海底針」了。

發現自己在無意識中做出這些小動作時，首先要知道，自己正感受到壓力。慢慢的深呼吸，舉起雙手，伸展全身，讓負面情緒留在身體裡也不是什麼好事，偶爾也該清空腦袋，放鬆心情。

心理POINT

笑容底下可能隱藏著壓力，别忽視它了！

Test

了解自己的心理測驗⑤

本当の自分がわかる心理テスト

問題
21

某天下午，你在家裡吃完飯後想小睡一下。躺在沙發上，想抓個東西抱著，請問，你會抓什麼呢？

Question

A

一般的枕頭

B

抱枕

C

懶骨頭抱枕

D

大玩偶

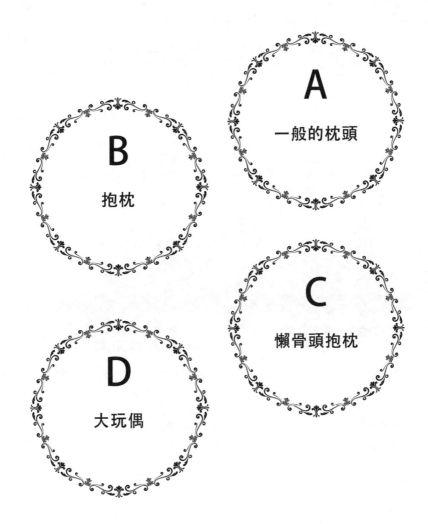

Answer

你喜歡什麼樣的姿勢呢？

診斷你「偏好的性愛體位」

你喜歡刺激的！從背後來最好

你內心非常渴望被愛，兩人親密的時候，你喜歡對方從背後來，緊緊抱住你。背後體位會讓兩人非常的密合，可以同時滿足你的身體與心靈。你其實是一個很任性的人，需要有包容力的另一半！

B

你是一個很害羞的人！只想要正常體位

你是一個自尊心強，而且非常正經的人，做愛的時候，除了正常體位，你不會再考慮其他的姿勢。面對自己深愛的人，要採用不一樣的體位，還是會讓你覺得非常非常的害羞。不過，偶爾冒險一下又何妨！

A

在激烈的性愛中燃起熊熊欲火！就在此時，雙腳大開！

有點被虐傾向的你，被蹂躪的變態性愛會讓你燃起熊熊欲火，這時，對方的一句：「把腳打開！」你才會發現自己已經無法自拔，身體都快要燒起來了。不過，你其實很喜歡這樣自甘墮落的自己，要多注意！

D

你想要安全感！你喜歡坐姿或騎乘體位

被男性支撐著、緊抱著，你會很開心，也會覺得安心。你追求安定的狀態，對你來說，這樣最容易得到快感。坐姿體位看似大膽，但你其實是很保守的人，也不會輕易與人發生關係！

C

Question

問題
22

你做了一個夢，夢中的你走在路上，看到一個女妖精裸著身子在大樹下睡覺。這時，一片羽毛從天上飄落下來，請問，這片羽毛會落在何處呢？

A
妖精的身上

B
大樹上

C
不知道被風吹到哪裡了

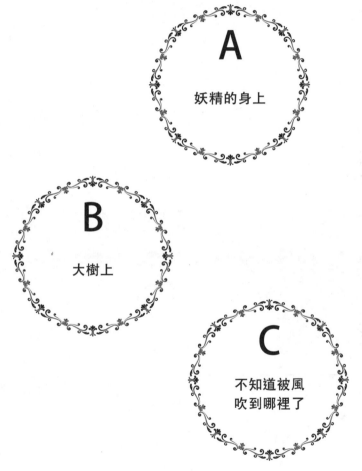

Answer

羽毛落下的地方，就是你最有感覺的部位！

診斷你的「性感帶」

B

很意外、又很直接的部位！
性器官就是你的性感帶

認為羽毛落在大樹上的你，喜歡對局部的部位給予直接的刺激。而且，你認為在性愛中的前戲和愛撫都是沒必要的，想做的話，直接來就好。由於你的性癖好特殊，如果你的另一半不是同道中人，將會很悲慘！

A

羽毛落在身體的哪個部位呢？
那就是你最有感覺的地方

羽毛落在妖精身體的哪個部位，就象徵你的性感帶。如果是落在胸前，那麼胸部就是你的性感帶。也許你心裡覺得，「好像不是耶！」那只是還未開發罷了。持續累積性愛經驗，就會獲得許多未知的快感，好好挑戰一下吧！

C

該不會是性冷感……？
你完全沒有性感帶

不知道羽毛飛去哪裡，要不是真的沒有性感帶，要不就是非常冷感的人。你也不是討厭異性，只是對於性愛敬而遠之，這將是男女交往的大危機。在情況越來越嚴重之前，你是不是應該拿一支羽毛來確認自己的性感帶在哪裡呢？

Question

問題
23

有一天，你夢見自己變成太空人。你回想到目前為止達成的任務，請問，登陸哪一顆星球最讓你印象深刻呢？

A
第一次登陸的星球

B
很驚險、刺激的星球

C
覺得很舒服的星球

D
期待今後要登陸的星球

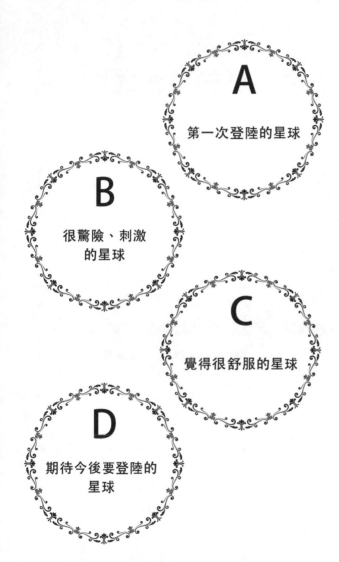

Answer

在宇宙漫遊，和性愛的感覺是一樣的！

診斷你「印象最深刻的性愛經驗」

B

忘不了刺激的體驗！
有點危險的性愛讓你念念不忘

小小變態的性愛，或是與外遇對象之間的危險愛情，最讓你難以忘懷。曾經脫離常軌的經驗，也會影響到你現在的性癖好，所以，你平常的性生活應該也多少有一些刺激的因子。盡情享受時，也別忘了安全！

A

忘不了最初的那個人！
不管怎麼說，初體驗最難忘

你的第一次令你難以忘懷。之所以難忘，並不是因為那次的體驗，而是因為那個人，讓你思念不已。只是，曾經跟你有過一段情的人，現在也已經是別人的另一半了，過度思念可是不行的！

D

未知的體驗令你興奮！
難不成你還沒有性經驗？

你可能還沒有性經驗，也可能過去的經驗沒有一次讓你印象深刻。話雖這麼說，其實你對性愛這件事比一般人還要感興趣，對於還未有過的體驗充滿期待。說不定你根本就是個性好漁色的人，一旦有了第一次，可能就停不下來！

C

與心愛的人做愛做的事最棒！
與深愛的人的體驗最難忘

會讓你覺得很舒服，對方一定是一個能夠讓你安心的人。你最難忘的經驗，就是與深愛的人一起體驗性愛的時候。你是一個身心平衡，而且很健全的人，對於現在的性生活也很滿足！

Question

問題 24

有一天，在夢裡你變成了小紅帽。當你抵達奶奶家，從門縫間窺看的時候，請問，你看到了什麼呢？

A 大野狼的眼睛

B 大野狼的鼻子

C 大野狼的嘴巴

D 大野狼的手

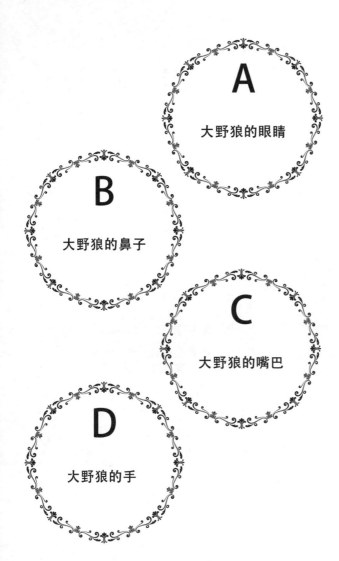

Answer

想要被大野狼吃掉的欲望有多少？
診斷你在性愛中有多想「被虐」

B
怎麼可能會有被虐的念頭？
想被虐的程度0%

你很難想像，為什麼會有人喜歡被屈辱。你認為，溫柔的對待才是愛情的表現，如果對方對你有任何粗暴的行為，你會馬上冷掉。因為你的自尊心很高，找到能夠滿足你的自尊心的另一半，就可以很契合！

A
想要被虐待到面目全非！
想被虐的程度100%

你在平常的生活中，就想要被襲擊、被責罵。別人用髒話罵你，或是說一些猥褻的字眼，你反而會覺得開心。你就是一個貨真價實的超級被虐狂。在你的內心深處，應該很想要解放自己，把壓抑許久的欲望都發洩出來吧！

D
讓我忘了前男友吧！
想被虐的程度50%

你是因為精神上的因素而想要被虐。想起過去愉快的回憶，會讓你痛苦萬分，因此，你想藉由與陌生人發生關係來覆蓋這些回憶，但其實你對於性愛並沒有那麼強烈的欲望。無論如何，還是要多愛自己一點！

C
帶我到未知的世界吧！
想被虐的程度75%

你的好奇心旺盛，一些沒見過的技巧或性愛道具，你都很感興趣。即使對方有一點粗暴也沒關係，因為你的好奇心更勝疼痛感。你很享受這種快要被淹沒的快感，也可以接受危險的外遇關係或辦公室戀情。但還是要提醒你，別玩過火了！

Question

問題
25

有一天，你在街頭看見一位穿著毛衣的女性，毛衣上印著桃子的圖案。請你形容一下，你看到的桃子的數量與大小。

A
一顆小桃子

B
很多顆小桃子

C
很多顆很大的桃子

Answer

桃子的數量與大小，象徵你的性生活！

診斷你「一生中性愛的次數」

B

不分晝夜的運轉！
你是不是做太多啦

你是一個性好漁色的人，而且認為性與愛是分開的。你有很多炮友，如果每天晚上都要的話，可以想像你的夜生活應該很精彩。也許現在的你不是這樣的人，但只要有機會，你應該會想這麼做。要知道，你的心裡住著惡魔！

A

結婚之前不會有性生活！
你非常克制自己

你有著堅定的貞操觀念，交往時，你不准對方與自己有任何逾矩的行為，因此，你的另一半經常處於欲求不滿的狀態。你應該要找一個可以理解自己想法的人。另外，也不妨試著敞開自己的身心，偶爾放鬆一下吧！

C

一直被回憶牽絆著！
你心中有著無法忘懷的性愛

對你來說，性愛的次數根本不重要，因為你心中有著讓你無法忘懷的人和性愛經驗。如果那次的經驗是愉快的，那麼之後再和別人交往，就可以有成熟的性愛交流。但萬一那次的經驗很不好，可能會造成你的陰影，對戀愛產生恐懼。

Question

問題 26

某天，男友／女友拜託你幫忙買舒緩花粉症的藥。走進藥局，看見成排花粉症的藥，你會選擇哪一種呢？

A
回想對方的症狀，買最適合他的藥

B
買整體來說最有效的藥

C
不知道該買哪一種，陷入迷惘

D
內服藥、眼藥水、點鼻藥……全都買回去

Answer

對方的需要，代表他的性感帶！
診斷你的「性愛技巧」

B 要不要直接問對方？實戰經驗不足，以理論取勝

想要取悅對方的心情和相關知識，你一樣也沒少，但不管怎麼做，就是感覺不對。實際做愛的時候，那些技巧都沒有發揮預期的效果，無法讓對方滿足。不如實際一點，直接問對方的性感帶在哪裡、想怎麼做吧！

A 對異性的心情瞭若指掌！你有著完美的性愛技巧

你知道怎麼做對方會覺得很舒服，而且你願意花心思準備，是最理想的性伴侶。你會發揮服務精神，讓對方非常的享受。你絕對不是只靠一些小技巧而已，你懂得在不同的場合下臨機應變，不讓性愛落於俗套！

D 你是不是太遲鈍了！你想取悅對方的心情，他都懂

不管兩人交往了多久，對方哪邊是敏感帶、喜歡怎麼做，你都無法理解，非常的遲鈍。但是，你想取悅對方的心，他都感受得到。只是，你的行動無法跟上你的想法。不過，這樣的問題，只要好好溝通就可以解決！

C 是不是有人說過你很自私？你沒有半點服務精神

怎麼做才能取悅對方？這種問題你壓根就沒思考過。你的伴侶是不是曾經跟你抱怨過：「比起做愛，自慰還比較舒服！」在談論性愛之前，你應該先檢討自己，對異性更體貼一些！

為什麼男人都有制服癖？——48個愛情透視技巧，找到對的那個人！26道心理測驗，了解最真實的自己！（透視心理學大全 3）／齊藤勇監修；吳偉華譯. -- 初版. -- 台北市：時報文化，2015.07；180面；14.8╳21公分. --（人生顧問；216）譯自：相手の心を読む！透視心理学大全
ISBN 978-957-13-6333-2（平裝）
1. 戀愛心理學
544.37014　　104012244

人生顧問 0216

為什麼男人都有制服癖？

——48個愛情透視技巧，找到對的那個人！26道心理測驗，了解最真實的自己！（透視心理學大全 3）

相手の心を読む！透視心理学大全

監修者　齊藤勇｜**譯者**　吳偉華｜**主編**　陳盈華｜**編輯**　劉珈盈｜**美術設計**　陳文德｜**執行企劃**　張媖茜｜**董事長・總經理**　趙政岷｜**總編輯**　余宜芳｜**出版者**　時報文化出版企業股份有限公司　10803台北市和平西路三段240號3樓　**發行專線**—(02)2306-6842　**讀者服務專線**—0800-231-705・(02)2304-7103　**讀者服務傳真**—(02)2304-6858　**郵撥**—19344724時報文化出版公司　**信箱**—台北郵政79-99信箱　**時報悅讀網**—http://www.readingtimes.com.tw｜**法律顧問**　理律法律事務所　陳長文律師、李念祖律師｜**印刷**　勁達印刷有限公司｜**初版一刷**　2015年7月31日｜**定價**　新台幣250元｜行政院新聞局局版北市業字第80號｜